# Protéger l'enfance

## Tenir notre promesse aux enfants

Dans la même collection

Julie Martinez, *I.A. et fake news* (2024).

Aude Kerivel

# Protéger l'enfance

## Tenir notre promesse aux enfants

Flammarion

ISBN : 978-2-0804-6380-7

# Préface

La collection que nous inaugurons aujourd'hui s'inscrit dans l'ambition du mouvement que j'ai lancé, France Positive, d'animer le débat en France sur les enjeux de fond auxquels nous sommes confrontés.

En juin 2024, tous les partis politiques ont dû improviser des programmes pour des élections auxquelles ils ne s'attendaient pas. Preuve qu'ils ne remplissent pas leur mission première : préparer des projets sérieux et réfléchis pour le pays.

Trop d'attention est mise sur les compétitions de personnes. Trop peu sur les débats d'idées. C'est l'ambition de France Positive, et de cette collection, que d'en susciter ; en publiant des livres brefs, pédagogiques, des outils de pensée et non des instruments de propagande, sur des thèmes qui devraient être au centre des débats publics.

Notre ambition est d'en publier une dizaine par an. Et d'en faire les thèmes de colloques qui viendront nourrir une réflexion globale et permettre de préparer une analyse du monde et du pays, ainsi qu'un programme transpartisan, solidement argumenté, à la disposition de tous les partis qui voudront bien être plus que des écuries de candidats.

Le livre d'Aude Kerivel, grande experte des questions sociales, s'attaque à un sujet crucial : la protection de l'enfance. Il mêle avec brio la description d'histoires bouleversantes, d'absurdités administratives, de scandales politiques et de solutions faciles, à portée de main, à un des plus grands scandales de la France d'aujourd'hui : le sort de l'enfance, et en particulier de l'enfance abandonnée, maltraitée, prise en charge par plus d'un million de professionnelles magnifiquement dévouées, mais qui ne peuvent empêcher qu'un très grand nombre de ces enfants deviennent des SDF, faute de moyens.

On ne sort pas indemne de la lecture de cet ouvrage. Et il est urgent de voir ses propositions mises en œuvre.

Jacques Attali

« Les éducs, nos éducs, nos référents de l'Aide sociale à l'enfance, ils écoutent, mais ils n'ont pas le pouvoir de changer les choses. Personne n'a vraiment le pouvoir. Ils doivent rendre des comptes au-dessus tout le temps. Mais les directions, les grands chefs, on ne les connaît pas. Ils n'en ont rien à foutre de nous*. »

*(29 mai 2024, groupe recherche-action avec des enfants et des jeunes entre neuf et dix-neuf ans, confiés à des Maisons d'enfants à caractère social (MECS, établissements d'accueil collectif) et à des familles d'accueil du département.)*

Ils ont neuf, douze, quinze, dix-huit ans, parfois moins, ils ne demandent rien d'extraordinaire. Ils veulent être protégés, que les lois qui les concernent soient appliquées. Ils veulent que leur statut d'enfant et leur besoin d'amour, d'affection, de stabilité, de protection, d'attention soient pris en compte. Ils veulent avoir, le plus possible, « une vie normale », même s'ils savent que leur situation ne l'est pas tout à fait.

Ils veulent pouvoir voir plus d'une fois par mois leurs frères et sœurs placés dans une autre famille d'accueil, pouvoir appeler leurs parents lorsqu'ils ont besoin d'être consolés ou être entendus quand les visites leur font trop de mal. Ils voudraient que les éducateurs ne changent pas trop souvent, que les intérimaires qui les remplacent soient « un petit peu formés », pour reprendre les propos des enfants. Ils voudraient que leurs parents puissent avoir suffisamment d'argent pour que le frigo soit rempli même à la fin du mois, ils voudraient être entendus lorsqu'ils disent qu'un parent ou un professionnel ou quelqu'un leur fait du mal, ou qu'ils ont mal quelque part, ou qu'ils ne se sentent pas bien, et surtout ils voudraient qu'il se passe quelque chose.

Environ 300 000 enfants et jeunes bénéficient d'une mesure de protection de l'enfance (Aide sociale à l'enfance ou Protection judiciaire de la jeunesse, PJJ) [1]. Un peu plus de la moitié sont accueillis par des familles d'accueil, dans des Maisons d'enfants à caractère social (MECS, appelées parfois « foyers ») ou dans des établissements de la Protection judiciaire de la jeunesse en dehors de leur lieu de vie habituel. L'autre moitié continue de vivre au domicile familial, avec l'accompagnement d'une éducatrice ou d'un éducateur pour soutenir les parents dans leur rôle et vérifier que les enfants ne sont pas en danger. À l'intérieur de ces grandes catégories, il y a de jeunes enfants (et des moins jeunes) en procédure d'adoption, et des enfants adoptés par des familles agréées par le département[2]. Il y a des bébés qui vivent avec leur mère dans des centres maternels, des jeunes adultes en appartement en semi-autonomie ou en appartement dans le cadre d'un Accueil provisoire jeune majeur (APJM).

Auprès de ces 300 000 enfants et jeunes, mais aussi des familles et des jeunes adultes, 1,3 million de travailleurs sociaux, dont neuf sur dix sont des femmes, se relaient 365 jours par an. Le choix, dans cet essai, d'une écriture au féminin lorsqu'il est question des professionnelles, vise à être au plus proche de la réalité, la féminisation du secteur n'étant pas sans lien avec la non-reconnaissance de la profession.

Je suis devenue sociologue avec l'idée défendue par Émile Durkheim selon laquelle nos « recherches ne méritent pas une heure de peine » si elles n'ont qu'un intérêt spéculatif, et si elles ne permettent pas « de mieux résoudre les problèmes pratiques ». Avec mes collègues, sociologues, chercheurs en sciences de l'éducation, économistes, nous menons des entretiens, faisons des observations, construisons des questionnaires que les enfants et les jeunes acceptent gentiment de remplir, que les professionnels prennent le temps de transmettre (ajoutant quelques heures de travail à des journées déjà trop remplies). Nous rencontrons des enfants et des jeunes, leurs parents, des éducatrices, des familles d'accueil, des monitrices éducatrices, des maîtresses de maison, des veilleuses de nuit, des techniciennes de l'intervention sociale et familiale, des cheffes de service, des directrices d'établissements, des responsables associatifs, des responsables associatifs, des psychologues, des juges des enfants, des enseignants : toutes ces personnes qui prennent soin, œuvrent au quotidien pour élever, éduquer les enfants et jeunes confiés à l'Aide sociale à l'enfance (ASE).

À chaque rencontre, je ne peux m'empêcher d'être admirative de la grande maturité avec laquelle les enfants, malgré leur jeune âge, leur handicap parfois, s'expriment pour raconter les injustices. Je ne peux que constater l'isolement dans lequel se trouvent de nombreux parents, la souffrance des professionnelles, qui, impuissantes, sont condamnées à être un chaînon d'un système maltraitant.

Car *rien ne change*, comme le constatent les enfants malgré les commissions, les rapports, les recherches, les évaluations, le *Livre Blanc* du Haut conseil du travail social sorti en 2023, le rapport « À (h)auteur d'enfants », la mission « La parole aux enfants » en 2022, ou encore le rapport de la protection de l'enfance de la Cour des comptes en 2020, pour n'en citer que quelques-uns.

Une prise de conscience politique, des mesures d'urgence et des réformes ancrées sur l'expérience des enfants, des parents et des professionnels de terrain sont nécessaires. Ces changements de fond permettraient aux travailleurs sociaux d'avoir le pouvoir de réaliser leur mission de protection de l'enfance. Un engagement, pour la vie des enfants confiés aujourd'hui et demain, et pour l'avenir de chacun.

Ces mesures et réformes permettront non seulement d'entendre les 300 000 enfants et jeunes qui bénéficient d'une mesure de protection de l'enfance (au sein de leur famille ou placés), mais aussi de leur dire : oui, nous allons répondre à vos besoins les plus fondamentaux, oui, nous allons respecter vos droits, oui, nous allons changer les choses !

# Répondre aux besoins fondamentaux des enfants d'aujourd'hui et des adultes de demain

La protection de l'enfance en France, définie par l'article L. 112-3 du Code de l'action sociale et des familles, « vise à garantir la prise en compte des besoins fondamentaux de l'enfant, à soutenir son développement physique, affectif, intellectuel et social et à préserver sa santé, sa sécurité, sa moralité et son éducation, dans le respect de ses droits ».

*(Code de l'action sociale et des familles*[1]*)*

Par le Code de la protection de l'enfance, l'État s'engage à protéger tous les enfants en danger, quels que soient leur lieu de vie et leur origine sociale, en apportant soutien matériel et humain aux familles, et en repérant les situations de danger ou de risques de danger. C'est le choix concerté de la mesure de protection la plus appropriée aux besoins des enfants et des jeunes, et non pas en fonction des places restreintes, qui contraint la décision ; enfin la possibilité de mettre en œuvre l'accompagnement le plus approprié, parfois, lorsque cela est nécessaire, de placer l'enfant ou l'adolescent tout en respectant ses besoins, à commencer par les besoins de sécurité, d'amour et d'attachement, de stabilité et de continuité.

Des évidences ? Lors d'une conférence, il m'a été demandé ce que serait une protection de l'enfance « plus efficace ». Ma réponse a semblé décevoir mon interlocutrice, qui s'attendait peut-être à une innovation révolutionnaire : « Une protection de l'enfance plus efficace, en 2024, c'est simplement l'application des lois, et l'assurance de tenir les promesses faites à l'ensemble des enfants et des jeunes. »

## *Protéger tous les enfants*

> « J'ai appris à me taire dès toute petite et j'ai attendu jusqu'à l'âge de quatorze ans pour que quelqu'un m'aide à libérer ce secret qui, avec le silence et la solitude, résume finalement complètement les quatorze premières années de ma vie.

Mes enseignants, le médecin traitant ou mon professeur de piano de l'époque n'ont pas pensé que la maltraitance pouvait arriver dans une famille favorisée comme la mienne[2]. »

*(Entretien réalisé par Perrine Cheval avec Céline Raphaël, médecin, membre du Conseil national de la protection de l'enfance, elle-même soumise à la violence de son père)*

Protéger *tous les enfants*, c'est faire en sorte que les situations de danger soient repérées et accompagnées, afin d'éviter que des drames ne se produisent. En France, 49 enfants sont morts violemment au sein de leur famille en 2021, soit le même chiffre qu'en 2020[3]. Depuis 2012, un enfant décède tous les cinq jours des suites de mauvais traitements d'un de ses parents ; ces jeunes victimes ont, pour la moitié d'entre elles, moins d'un an[4]. Des données qui ont notamment été à l'origine de la première campagne nationale de sensibilisation au syndrome du bébé secoué[5]. *Tous les enfants sont-ils effectivement protégés ?* Il est difficile de chiffrer le nombre exact d'enfants victimes d'inceste ou d'autres formes de violence au sein de leur famille qui n'ont pas pu être protégés. Dans des enquêtes rétrospectives, telles que la récente enquête menée par la Commission indépendante sur l'inceste et les violences sexuelles faites aux enfants (CIIVISE), ou celle moins connue portée par l'INED depuis 2015 et intitulée « Violences et rapports de genre » (VIRAGE), des adultes témoignent des violences subies durant leur enfance au sein de leur famille ou dans leur entourage. Certaines et certains ont pris conscience tardivement des sévices qu'elles ou ils ont subi : les mots « amnésie post-traumatique », « emprise », « viols » sont autant de voies possibles pour mettre en mots l'innommable. Des témoignages publics tels que ceux de Camille Kouchner[6], Vanessa Springora[7] ou de Judith Godrèche[8] ont permis de mettre en lumière le fait que les violences ne se déroulaient pas uniquement dans des univers pauvres et précaires, à l'image de l'affaire d'Outreau[9], mais dans tous les milieux sociaux. Ces témoignages ont levé le voile sur les biais des services sociaux, qui arrivent moins souvent à repérer la violence au sein des milieux aisés que dans les milieux populaires, si l'on en croit la part très majoritaire d'enfants issus de familles populaires et précaires dans les mesures de protection de l'enfance[10].

D'abord, davantage de signalements sont faits pour des situations qui se déroulent dans les milieux populaires, et plus encore dans les milieux les plus précaires. Ces familles sont davantage repérées et suivies dès la maternité, ou au sein des hébergements d'urgence par exemple. Le traitement va être différencié selon le milieu social, puisqu'à la suite d'un signalement ou d'une information préoccupante, « les catégories sociales les plus aisées vont recourir à la justice, faire valoir leurs droits, avec des temporalités longues avant qu'une mesure de protection ou de soutien à la parentalité ne soit mise en place, ce qui est moins le cas dans les classes les plus populaires[11] ». L'accueil chez un membre de la famille ou un tiers digne de confiance est également plus fréquent dans les milieux aisés que dans les familles populaires[12].

Protéger *tous* les enfants implique d'entendre les enfants dans les cas où ils arrivent à parler et d'être attentif aux signes de maltraitance, de danger ou de carences. Cela implique pour les travailleurs sociaux et les professionnelles de l'enfance un travail sur leurs propres normes éducatives et les stéréotypes concernant d'autres normes éducatives, qui peuvent être différentes, voire dévalorisées socialement, mais qui ne mettent pas en danger l'enfant lorsqu'ils sont face à des familles en situation de pauvreté. Cela implique, à l'inverse, que ces travailleurs sociaux, à l'instar des enseignants, ne soient pas intimidés par des familles qui usent de leur pouvoir de domination et d'une rhétorique maîtrisée pour cacher une situation de maltraitance ou minimiser un danger.

Protéger tous les enfants, c'est donc d'abord sensibiliser les médecins, les professionnelles de la petite enfance, la communauté enseignante, les animatrices et les animateurs de centres de loisirs et l'ensemble des citoyens au sujet, et lever les freins que peuvent constituer le *secret professionnel*, le doute sur la véracité des propos de l'enfant ou la crainte infondée selon laquelle le signalement engendrerait directement un placement. C'est miser sur la prévention et l'accompagnement des familles. C'est redorer l'image de l'Aide sociale à l'enfance et « des foyers »[13], pour qu'à aucun moment on puisse se dire que ce qu'un enfant vivra en foyer sera finalement pire que ce qu'il vit à la maison.

C'est sensibiliser les enfants sur leurs droits et sur ce que les adultes n'ont pas le droit de leur faire, alors qu'ils ont appris à se taire ou n'ont pas conscience de l'« anormalité » de la situation. C'est leur donner l'habitude d'être entendus. C'est faire en sorte qu'une enquête puisse être lancée dans un délai rapide après un signalement, que le travail du juge, l'exécution de la mesure (à domicile ou de placement) puissent se faire rapidement, afin de ne pas laisser l'enfant dans une situation de danger. C'est pouvoir faire évoluer le type d'accompagnement, en considérant les évolutions de la famille.

## *Assurer d'abord la sécurité physique et affective des enfants*

> Dans un département, trois enfants doivent être placés ensemble en urgence. Le père vient de tuer la mère devant eux. Tous les établissements, toutes les familles d'accueil sont contactés les uns après les autres. Aucun des lieux n'a de place pour trois enfants et la directrice enfance famille ne peut se résoudre à séparer la fratrie à la suite de ce qu'ils viennent de vivre. Après plusieurs heures à passer des appels téléphoniques, une assistante familiale accepte. L'accueil sera provisoire, l'assistante familiale a déjà cinq enfants et un agrément seulement pour trois. Par la suite, les enfants seront séparés, faute de place.
>
> *(Situation décrite par le responsable du service enfance famille d'un département, en 2024)*

Aujourd'hui, l'une des expressions les plus visibles des problèmes, c'est le manque de place dans les associations qui interviennent dans le cadre d'Action éducative en milieu ouvert[14] (AEMO) ou d'Aide éducative à domicile[15] (AED), le manque de place dans les familles d'accueil et établissements de la protection de l'enfance et la saturation des services. Face à une situation d'urgence extrême telle que celle décrite précédemment, le défaut de places conduit à imposer des souffrances supplémentaires aux enfants, les faire attendre au commissariat, les accueillir dans une famille d'accueil déjà en sureffectif, les ballotter d'un endroit à un autre et séparer les frères et sœurs à des moments où ils ont justement besoin les uns des autres.

En 2021, 310 525 enfants (hors Mayotte)[16] et 35 112 jeunes majeurs étaient concernés par une mesure ou un suivi en protection de l'enfance. Ce nombre ne cesse de croître, même en retirant la part des jeunes migrants (dits mineurs non accompagnés). Si l'augmentation est en partie liée à celle du nombre de jeunes majeurs accompagnés, elle ne doit pas masquer l'augmentation des enfants confiés de moins de trois ans[17]. Des pédiatres en maternité signalent un « léger hospitalisme[18] » chez des bébés en attente de famille d'accueil ou de place en pouponnière dans certains services pédiatriques[19]. Deux moyens complémentaires peuvent être proposés : d'une part, augmenter le nombre de places dans les départements et, d'autre part, miser sur la prévention permettant d'éviter potentiellement le placement. Ce rôle de « prévention », ce sont les services d'Action éducative en milieu ouvert (AEMO) et d'Action éducative à domicile (AED) qui en ont la responsabilité.

En France, on dénombre 10,9 juges pour 100 000 habitants, contre 24,5 en Allemagne. La France affiche également le plus petit nombre de procureurs en Europe. En théorie, un juge des enfants devrait suivre 325 situations (un enfant ou une fratrie). En pratique, 50 % des juges des enfants suivent 450 situations ou plus (soit au moins 800 enfants). Dans certains départements, 270 ordonnances de placement ne peuvent être exécutées faute de places. Le 6 mai 2024, dans un état des lieux de la justice civile des mineurs, le Syndicat de la magistrature a recensé 3 335 placements d'enfants en danger non exécutés à partir d'un sondage auprès de 176 juges des enfants dans 92 des 156 tribunaux français[20]. Ainsi, « 77 % des juges des enfants ont déjà renoncé à prendre des décisions de placement d'enfants en danger dans leur famille en raison d'absence de places ou de structures adaptées à leur accueil[21] ».

Cela signifie que « des bébés, enfants ou adolescents ne peuvent être retirés de leur milieu familial et restent dans l'attente qu'une place se libère, exposés aux dangers qui les menacent et qui ont motivé une décision de placement[22] ». Dans un tel contexte de tension, les besoins de l'enfant sont bien souvent mis au second plan, le nombre de places, « l'offre » détermine la réponse faite aux enfants et à leur famille. Des enfants pour qui le collectif est difficilement supportable peuvent se retrouver en Maison d'enfants à caractère social faute de places en famille d'accueil[23] (celles-ci étant de moins en moins nombreuses sur l'ensemble des territoires[24]), d'autres encore peuvent être séparés de leurs frères et sœurs et d'autres enfin bénéficier d'un accueil « provisoire » en attendant mieux, ce qui entraîne des ruptures supplémentaires dans la vie de ces enfants. Des situations *non urgentes* peuvent le devenir parce que l'accompagnement tarde, faute de place au sein des associations d'AED ou d'AEMO. En 2017, la Direction de la recherche des études, de l'évaluation et des statistiques (DREES) comptabilisait 9 500 jeunes inscrits sur liste d'attente dans les services d'AEMO et d'AED[25]. Ainsi, il ne s'agit pas uniquement d'augmenter le nombre de places, même si cela est nécessaire, mais de soutenir très fortement les mesures d'accompagnement à domicile, afin que le choix ne soit jamais un choix par défaut et que, comme le recommandent les Nations unies[26], le placement soit toujours la dernière des solutions.

## *Sécurité affective et soutien des parents*

« Ma maman, je l'aime, mais je sais que je ne peux pas vraiment compter sur elle, parce que des fois elle est un petit peu toc-toc dans sa tête, mais elle me fait plein de câlins et des guilis et on rigole. J'aimerais bien que maman elle puisse être placée avec moi chez nounou. »

*(Dylan, sept ans, accueilli en famille d'accueil)*

« Les ASE, elles ne voient pas la capacité des parents, elles ne voient pas que les parents, ils font des efforts. Pour eux, les parents, ils sont en bas. Après, ils disent : "Oh, on n'arrive pas à travailler avec vous." Bien sûr, vous n'arrivez pas à travailler avec moi, parce que vous mettez les parents ras le sol au lieu de les mettre en haut. »

*(Maman dont plusieurs enfants sont confiés à l'ASE depuis plusieurs années)*

« À un moment donné, les visites se sont espacées, cette maman est arrivée à ses limites, elle ne s'est plus présentée aux visites. Je me souviens d'une visite porte fermée avec Virginie qui pleurait toutes les larmes de son corps. J'ai travaillé durant des mois pour essayer de remobiliser la maman. Puis il a fallu expliquer aux enfants que la maman ne souhaitait plus les voir. Puis leur papa est revenu dans leur vie, les enfants étaient très demandeurs. Jusqu'à ce que le papa commette des violences en visite, en bernant tous les professionnels autour. »

*(Éducatrice référente, à propos d'une jeune fille et de ses deux frères de quinze, neuf et huit ans)*

Ces trois exemples, le regard d'un enfant, d'un parent et d'une professionnelle, donnent un aperçu de la complexité du rôle et des missions de l'Aide sociale à l'enfance, entre nécessité de protéger l'enfant et d'accompagner les parents dans leur rôle.

Historiquement, la protection de l'enfance s'est élaborée « sans les parents ». Peut-être parce que la part des enfants orphelins était plus importante qu'aujourd'hui (bien qu'elle soit tout de même significative si on la compare au taux d'orphelinage chez les enfants et jeunes du même âge dans la population générale[27]), que d'autres enfants confiés étaient « abandonnés » et que le placement était synonyme d'extraction de l'enfant de son environnement et souvent de rupture avec les parents. La fin du XX$^{e}$ siècle, et la loi phare de 2002-2, « ancre encore plus l'idée d'un travail incontournable avec les parents des enfants[28] ». Dans les cas de placement, le juge peut décider, pour protéger l'enfant, qu'un des deux parents voire ses deux parents n'ont pas le droit de le voir. Mais, la plupart du temps, le ou les parents ont un droit de visite médiatisé (avec la présence d'un tiers : une technicienne de l'intervention sociale et familiale) dans un espace de l'Aide sociale à l'enfance, médiatisé à leur domicile, ou sans médiatisation. Il y a des enfants qui dorment tous les week-ends et passent toutes leurs vacances chez l'un de leurs parents ou les deux. Pendant le parcours de placement, le rythme des visites peut évoluer, en fonction de la situation des parents, mais aussi de l'âge des enfants.

La maman d'Amélie a une déficience intellectuelle. Après le départ du papa, et lorsque les enfants étaient petits, il était difficile de laisser la maman seule avec ses filles, car elle pouvait oublier de les nourrir ou était dans l'incapacité de les protéger d'un accident domestique. Depuis que les filles sont plus grandes et autonomes, et que le service a travaillé avec la mère sur les besoins de ses filles, ainsi que sur les règles et limites éducatives, les enfants ne sont pas en danger lorsqu'elles vont passer une journée ou même un week-end chez leur mère. Un retour chez elle, avec un accompagnement à domicile, est même envisagé et sera proposé lors du prochain jugement par l'éducatrice.

Lorsque l'on s'intéresse aux trajectoires des enfants et de leur famille, on peut évaluer les liens entre les mesures de placement et les mesures d'accompagnement à domicile, même si ces dernières sont beaucoup moins connues du grand public. Alors que les pays où la protection sociale et la prévention sont les plus importantes sont ceux où les placements sont les moins nombreux[29], il est indispensable de donner les moyens aux professionnelles d'accompagner les familles[30].

Dans le cadre des mesures d'accompagnement à domicile, des éducatrices doivent régulièrement rencontrer les familles et accompagner la relation parents-enfants et la place des uns et des autres. Toutes les éducatrices qui travaillent auprès des familles observent que les situations évoluent, parfois de manière inattendue. Que rien n'est couru d'avance ! Des situations a priori inextricables ont pu évoluer positivement.

> Océane ne connaissait pas son papa, elle a été placée à la suite d'abus sexuels de son beau-père (qui ont donné lieu à un non-lieu), la maman n'admettant pas les faits. Notons qu'Océane a des troubles du spectre autistique. Pendant les premières années, elle n'a aucune visite. Puis le papa apprend que sa fille est placée et reprend contact avec elle. Le juge accepte qu'il y ait des visites du papa à la MECS, d'abord médiatisées, puis semi-médiatisées, puis non médiatisées. Deux ans plus tard, la maman se sépare du beau-père, et Océane commence à revoir sa maman, et rencontre enfin son demi-frère, que son beau-père lui interdisait de voir.

D'autres fois, c'est l'inverse, des situations qui semblaient aller dans le bon sens sont stoppées par un événement.

> Après un travail d'accompagnement de l'équipe éducative, Sami devait retourner chez son père qui pouvait lui-même être soutenu au quotidien par ses propres parents et son frère. Les temps de vacances et de week-end chez le père étaient

plus importants, jusqu'à la rechute du père dans l'alcool et au suicide de l'oncle.

Ces exemples montrent à quel point l'accompagnement des parents implique une ouverture à leurs possibilités d'évolution, une posture de non-jugement et d'attention, une adaptation constante aux différents événements, et du temps de la part des professionnelles. Certaines associations impliquent des parents au sein des conseils de leurs administrations, d'autres proposent des temps d'actions collectives ou même de coformation, afin que parents et professionnelles puissent déconstruire les représentations qu'ils ont les uns des autres et coopérer pour le bien-être des enfants. Dans les mesures de placement, ce sont les référentes ASE qui sont chargées de l'accompagnement des familles des fratries dont elles ont la référence. En milieu ouvert, ce sont les éducatrices qui sont chargées de cet accompagnement. Aujourd'hui, dans de nombreux départements, les référentes ASE s'occupent de plus d'une trentaine de « mesures ». Une « mesure » concerne une famille, si les parents sont séparés, si les fratries sont dans différents lieux de placement, ce sont autant d'endroits où se rendre, de coups de téléphone à passer, de temps à prendre, pour expliquer, réexpliquer, se mettre à la place de parents en souffrance, en colère, en grande difficulté.

En milieu ouvert, certaines professionnelles peuvent avoir jusqu'à quarante-cinq, parfois cinquante familles à accompagner, avec, en plus de tous les éléments précités, une mission, et pas des moindres : être certain que l'enfant est en sécurité. Au regard des enjeux, on comprend bien qu'il soit impossible de répondre aux besoins des enfants (et de leur famille).

## *Besoin d'amour et d'attachement des enfants et « juste proximité » des professionnelles*

> « Aude : Tu as des surnoms ?
> « Naru : Non… Si. Des fois, je dis à nounou que je l'aime, et elle me dit moi aussi mon canard. »
>
> *(Naru, douze ans, accueilli en famille d'accueil depuis deux ans)*

> « J'entends du bruit dans le couloir, deux enfants de huit et dix ans sont en train de faire tourner en bourrique un jeune éducateur, ça monte dans les tours. Il est 20 h 30, ils ne veulent pas monter dans leur chambre. Ils hurlent, courent partout prennent les chaises et les déplacent, l'éducateur

s'énerve et menace les enfants. Je demande aux enfants ce qu'il se passe. Ils m'expliquent qu'ils aimeraient que l'éducateur les porte dans ses bras comme des bébés et les emmène jusque dans leur lit pour leur dire bonne nuit, les border et leur faire un bisou. »

*(Directrice d'une Maison d'enfants à caractère social)*

« Là, il va y avoir un gros changement car Aymeric va partir et c'était mon référent. Donc, son départ, c'est beaucoup pour moi. Avant, c'était Justine, avant qu'elle parte. Il y avait aussi Marjorie avec nous. Ça fait beaucoup de changements. C'est pas facile tous ces changements, parce que tu vois une personne que t'aimais bien s'en aller, c'est comme si ton enfance se détruisait petit à petit, c'est ta petite planète de l'enfance qui se détruit[31]. »

*(Amélie, douze ans, accueillie dans une MECS depuis sept ans)*

*Répondre au besoin de sécurité affective*, au besoin d'amour et d'affection et de continuité nécessaire au développement des enfants est une mission loin d'être évidente. Les chercheurs, de Spitz[32] à Dolto[33], en passant par Winnicott[34] et Bowlby[35], ont prouvé que, sans liens d'attachement, sans amour, sans affection, un enfant ne peut se développer et grandir. Les bébés qui, par manque d'affection, se laissaient mourir dans les orphelinats du début du XXe siècle font tristement écho aux récents suicides de jeunes « placés » dans des hôtels, faute de place en foyers[36]. Une fausse idée de « distance professionnelle » a émergé avec la professionnalisation du secteur. L'interdiction de maintenir ou même de créer des liens d'attachement est une récurrence qui subsiste dans beaucoup de services. L'amour, l'attachement appartiennent au registre des sentiments et des émotions qui seraient antonymiques avec l'idée du professionnalisme, alors qu'ils viennent répondre au principal besoin de l'enfant. Il est reproché aux assistantes familiales, à des professionnelles des Maisons d'enfants à caractère social, de s'attacher aux enfants qu'elles accueillent, de les aimer. Cette idée de distance professionnelle est encore très présente dans les formations, malgré sa déconstruction récente (n'oublions pas que le secteur de la protection de l'enfance s'est professionnalisé il y a quelques décennies seulement). Elle empêche des professionnelles de répondre à un enfant qu'elles l'aiment sans craindre de se faire reprendre par leur hiérarchie, ou de prendre dans les bras un enfant qui a besoin de ce contact pour grandir. Il y a encore un peu de chemin pour faire accepter cette « juste proximité[37] » pour ces professionnelles, et l'on comprend encore une fois l'importance de la formation.

S'il reste quelques résidus de cette « distance professionnelle » dans les représentations de certaines hiérarchies et chez certaines professionnelles, ce sont surtout les changements de lieu de placement trop fréquents qui sont en contradiction avec le besoin de sécurité affective des enfants. La sociologue Emilie Potin parle « d'enfants replacés » pour qualifier les enfants qui retournent chez leurs parents puis reviennent en placement et d'enfants « déplacés » pour évoquer les changements successifs de lieux de placement[38]. Pour beaucoup, les familles d'accueil et les MECS se succèdent. L'enquête ELAP réalisée par l'INED[39] note qu'à dix-sept ans un jeune sur cinq a déjà connu au moins quatre lieux de placement, un chiffre confirmé par d'autres études[40] et qui a tendance à minimiser ce nombre de « déplacements ». En effet, au sein d'une même MECS, il y a souvent des groupes d'âges : la pouponnière pour les bébés (entre zéro et trois ans), le groupe des petits (trois-six ans), des moyens (six-neuf ans), des grands (neuf-douze ans), des préados (douze-quatorze ans), des adolescents (quatorze-dix-huit ans). Souvent, à partir de quinze ou seize ans, les tout juste adolescents sont déplacés de la MECS au « foyer d'ados » ou à « l'appartement semi-autonomie ou autonomie » pour préparer les jeunes qui ont grandi en collectivité « à être autonomes ». À chaque changement de groupe, l'enfant change de chambre et de camarades avec qui la chambre est partagée. Dès lors, on pourrait multiplier par trois le nombre de changements de lieux de placement, et encore davantage si l'on considère les départs des autres enfants et des éducatrices, voire des intérimaires qui se succèdent dans les établissements. Un changement de lieu de placement, c'est une nouvelle chambre, un nouvel endroit pour manger, un nouveau lieu avec un nouvel environnement : un quartier, un village qu'il faut découvrir et dans lequel il faut se sentir à l'aise pour se déplacer, connaître les lignes de bus, le chemin pour aller à l'école ou dans tous les autres lieux. C'est souvent changer d'école, se refaire des copains, se refaire une place, faire ses preuves, être mis en insécurité, en déséquilibre. Les enfants disent : « Le changement, j'ai l'habitude ! » ou encore : « Je préfère ne pas m'attacher, car ça change tout le temps », pour éviter le sujet. Quand j'ai commencé à travailler sur la protection de l'enfance, il y a presque une quinzaine d'années, les enfants avaient toujours une ou deux professionnelles particulièrement importantes, avec qui ils gardaient d'ailleurs souvent des liens après le placement. Aujourd'hui, les enfants que je rencontre lors de mes enquêtes ne sont plus en mesure de citer les prénoms de toutes les professionnelles qui se sont succédé auprès d'eux.

La plupart du temps, les enfants ne savent pas expliquer ces changements, et beaucoup s'imaginent qu'ils en sont les responsables. « Si les professionnelles partent, c'est parce qu'on est insupportables », disent les plus petits.

Avant de parler de la violence des jeunes, il faut s'interroger sur cette violence que constitue le fait d'être déplacé comme un colis, et sur l'effort surhumain que représente celui de devoir s'adapter, se réadapter, surtout quand on est en attente d'une décision (celle du jugement). Ces changements sont également difficiles pour les professionnelles, la dynamique du groupe changeant constamment. Cette démultiplication du nombre de lieux de placement, pour la majorité des enfants confiés, s'est récemment accélérée. Doit-on voir un rapport de causalité avec les hospitalisations fréquentes d'enfants qui « pètent les plombs », d'enfants « en crise », ou qui « décompensent » (on parle de souffrance, de violence, de décrochage, de « cas complexes ») ?

Les changements multiples de lieux de placement ont également des effets à long terme. Une étude québécoise met en lumière une corrélation entre le nombre de lieux de placement et les risques de n'être ni en emploi ni en formation entre dix-neuf et vingt et un ans[41]. Les enfants qui changent le plus de lieux de placement sont aussi ceux qui ont le moins de personnes sur qui compter[42] et qui se sentent le plus isolés.

On pourra financer tous les programmes, toutes les expérimentations, rien ne semblera réaliste et réalisable si l'on ne répond pas au besoin de sécurité affective et d'amour sans lequel rien n'est possible.

Les successions de ruptures et de défaut de liens d'affection stables laissent prédire un avenir plus difficile pour les enfants d'aujourd'hui que pour ceux d'hier. En effet, dans les enquêtes rétrospectives réalisées auprès d'anciens enfants placés, on observe très nettement que « ceux qui s'en sont sortis », notamment à la période charnière du passage de l'enfance à l'âge adulte, ont pu le faire grâce au soutien d'une travailleuse sociale (celle qui les a accompagnés le plus longtemps ou assez longtemps pour avoir pu nouer une relation privilégiée)[43]. Que va-t-il se passer pour les adultes de demain ?

## *Développer les liens sociaux d'attachement des enfants confiés*

> « Quand on regarde un peu, beaucoup d'enfants sont très isolés, ils n'ont pas de liens avec leurs grands-parents, leurs cousins et cousines, ils n'ont pas beaucoup de copains d'école, ne sont jamais invités à des anniversaires, si on compare avec nos propres enfants, on voit qu'ils partent avec un très grand handicap. »
>
> *(Directrice d'une MECS)*

Les liens d'attachement[44], ce sont tous ces liens fondamentaux qui assurent protection et reconnaissance (soit amour, justice et estime sociale[45]) dès la naissance et tout au long de notre vie. Les travaux en psychologie ont d'abord mis en évidence l'importance du lien entre l'enfant et ses figures parentales pour son développement psychomoteur[46]. Le sociologue Serge Paugam a mis en exergue l'importance d'avoir tout au long de sa vie « des personnes sur qui compter et pour qui l'on compte », qui permettent « protection et reconnaissance » au sein de groupes d'appartenance :

– La protection renvoie à l'ensemble des supports que l'individu peut mobiliser face aux aléas de la vie (ressources familiales, communautaires, professionnelles, sociales...) ;

– La reconnaissance renvoie à l'interaction sociale qui stimule l'individu en lui fournissant la preuve de son existence et de sa valorisation par le regard de l'autre ou des autres[47].

Les enfants confiés sont plus que les autres dépourvus de liens sociaux d'attachement. Liens familiaux et liens amicaux avec des pairs ou liens avec des adultes, à l'intérieur et à l'extérieur des lieux de placement, sont rendus plus difficiles par l'expérience du placement.

Pour commencer, le placement engendre bien souvent une rupture avec le réseau de parenté (cousins, cousines, oncles et tantes...), mais aussi avec les membres de la fratrie, lorsqu'ils sont séparés, comme c'est le cas de près de la moitié des enfants dans certains départements, faute de place.

Ensuite, les multiples changements de lieux de placement et de professionnelles entraînent bien souvent, on l'a vu, des ruptures avec les adultes et les pairs de placement, dans un contexte où les professionnelles ne savent pas si elles ont le droit de maintenir des liens et où elles ne prennent pas le temps d'accompagner le maintien des liens entre enfants.

Enfin, la mission de protection, l'augmentation des *process* et des autorisations et le manque de temps des professionnelles conduisent à rendre difficiles le développement et le maintien de liens sociaux d'attachement en dehors des lieux de placement (avec des copains d'école ou rencontrés dans le cadre d'activités extra-scolaires).

Dans une enquête sur le sujet, les trois quarts des enfants n'ont jamais fêté leur anniversaire en invitant des copains d'école et plus de la moitié n'ont jamais été invités à un anniversaire, ils sont encore plus nombreux à n'avoir jamais dormi chez un ami depuis qu'ils sont placés[48]. Pourtant, ce sont ces expériences qui permettent aux jeunes sortant de la protection de l'enfance d'être dotés d'un capital social indispensable à l'insertion sociale et professionnelle et à l'autonomie. Avoir des proches sur qui compter et pour qui on compte[49] ne se décrète pas et implique du temps, de la continuité et d'être intégré à de multiples groupes !

## *Prendre soin des enfants en situation de handicap et ayant des troubles du comportement*

Lorsque l'on s'intéresse aux liens sociaux d'attachement des enfants et jeunes confiés, une catégorie est surreprésentée parmi les plus isolés : ceux ayant une reconnaissance administrative de handicap ou mesure de la Maison départementale des personnes handicapées (MDPH). Ils sont environ 30 % des enfants confiés à l'ASE à avoir des troubles du neurodéveloppement, des troubles du déficit de l'attention et de l'hyperactivité, des troubles du spectre autistique et des troubles multi-dys, de l'épilepsie, des syndromes d'alcoolisation fœtale et des paralysies cérébrales[50]. Si le nombre d'enfants ayant des troubles du comportement augmente considérablement dans notre société, ils sont surreprésentés à l'ASE (30 % vs moins de 5 %[51] dans la population générale). Le diagnostic relègue au second plan les facteurs environnementaux[52], alors que les enfants ayant une situation de handicap sont ceux qui changent le plus de lieux de placement et sont plus fréquemment séparés de leurs frères et sœurs[53], et qu'ils ont encore moins d'activités extrascolaires, les mercredis étant pris par des rendez-vous médicaux.

Mattéo a quatorze ans. Après une exclusion du collège à la suite d'actes de violence en direction d'un enseignant, et ce malgré des résultats plutôt bons à l'école, il est placé en MECS parce que sa mère « n'arrive pas à gérer ses accès de violence » et qu'il est déscolarisé. À la suite d'un diagnostic de trouble du comportement, il est orienté en Institut thérapeutique, éducatif et pédagogique (ITEP). Sa mère souffre d'être séparée de son fils qui fugue régulièrement pour rentrer chez elle, mais apprécie le soutien des éducateurs de la MECS qui sont les seules personnes à qui elle peut parler de ses difficultés.

Liam a sept ans, il est le troisième d'une fratrie de trois enfants. Depuis sa naissance, sa mère remarque quelque chose d'anormal dans son développement. Ses tentatives de le faire accompagner par un psychologue ou en Centre médico-psychopédagogique (CMPP) n'aboutissent pas, faute de compréhension des démarches et de temps disponible en journée pour cette ambulancière.

Isolée et rencontrant de plus en plus de difficultés avec Liam, « que tout le monde trouve insupportable », elle demande un placement administratif. Elle explique que, grâce à ce placement, Liam a été diagnostiqué et a pu avoir un accompagnement par un psychologue, une place en Centre médico-psychologique (CMP) et être accompagné en journée à ses différents rendez-vous.

Aimée a huit ans. Elle est confiée à l'ASE à l'âge de deux ans, après avoir subi des violences sexuelles du conjoint de sa mère et en raison de la mésentente entre les parents séparés. Après quelques mois en MECS avec son frère et sa sœur, elle est placée dans trois familles d'accueil successives, puis dans une MECS. Selon son père, elle a été victime de violence dans deux des trois familles d'accueil, mais son dossier reste évasif à ce sujet. Aimée est diagnostiquée comme ayant des troubles du développement et de l'attachement. Si le père d'Aimée a pu récupérer ses deux premiers enfants, il craint de ne jamais pouvoir récupérer Aimée à cause de son handicap et des suivis qui y sont liés.

Avoir une notification de la Maison départementale des personnes handicapées, c'est être officiellement reconnu comme ayant un handicap et c'est entrer dans un univers pas toujours compréhensible fait de sigles tels que le Plan personnalisé de compensation (PPC), de Projet personnalisé de scolarisation (PPS), de Projet d'accueil individualisé (PAI), de Projet personnalisé d'accompagnement (PPA)[54] pour n'en citer que quelques-uns. Malgré tous ces projets, une part des enfants est déscolarisée, dans l'attente d'une place dans un établissement ou une classe spécialisée, tous les enfants ne bénéficient pas de suivi régulier avec un professionnel de santé alors même que beaucoup d'enfants ont des traitements médicamenteux. Les départements proposent trop souvent des postes à mi-temps (lorsqu'ils ne peinent pas à recruter des psychologues) pour plusieurs centaines de jeunes. L'attente pour les CMP ou auprès de psychologues libéraux se compte parfois en années, et les cumuls de plans et projets engendrent des mille-feuilles incompréhensibles qui ne permettent pas de répondre aux besoins les plus fondamentaux des enfants et des jeunes, comme celui d'être pris en charge et soigné.

## *Prendre au sérieux les douleurs des enfants confiés*

Aïssatou « a une drépanocytose » mais aucun professionnel autour d'elle ne sait exactement en quoi consiste cette maladie. Elle est d'ailleurs régulièrement suspectée « d'exagérer », et on lui reproche de se plaindre de manière trop fréquente. Ses douleurs sont parfois perçues comme psychosomatiques. La drépanocytose[55] est une maladie grave qui rend les globules rouges plus fragiles, ce qui provoque anémie et fatigue. « Parfois, ils peuvent boucher les vaisseaux sanguins, l'oxygène, alors, n'arrive plus correctement et cela provoque d'atroces douleurs[56]. » Cette maladie étant héréditaire, et l'espérance de vie des personnes ayant ce symptôme pouvant être amputée de vingt à trente ans, il est possible que sa mère décédée l'ait eue également.

Si les douleurs sont parfois minimisées ou considérées comme psychosomatiques, c'est souvent parce qu'elles ne font pas l'objet d'un suivi médical approfondi et que les professionnelles ne sont pas suffisamment informées des conséquences de la maladie et des traitements. Les changements de médecins en mesure d'approfondir un diagnostic, de professionnelles qui pourraient réaliser un certain nombre d'observations et ayant connaissance des antécédents médicaux familiaux, mais aussi la file d'attente pour obtenir des rendez-vous médicaux conduisent à une aggravation des problèmes de santé. Lorsque les enfants sont racisés, mineurs non accompagnés, le risque de minimisation des douleurs et de défaut de soin est encore plus grand[57]. Lorsqu'elles ou ils sont en situation de handicap, les douleurs sont trop systématiquement associées au handicap.

Céline Greco[58], cheffe du service médecine de la douleur et palliative à l'hôpital Necker-Enfants malades à Paris (AP-HP) et présidente de l'association Im'Pactes, explique que les enfants victimes de violence perdent jusqu'à vingt ans d'espérance de vie[59], qu'« ils vont développer deux fois plus de maladies cardio-vasculaires, de cancers, d'AVC, trois fois plus d'insuffisances respiratoires, onze fois plus de démences, il y aura trente-sept fois plus de syndromes dépressifs et de tentatives de suicide…[60] » Quelle que soit l'origine de la maladie, de la douleur, celle-ci doit pouvoir être traitée. Il est temps de prendre au sérieux la santé des enfants confiés, et cela ne pourra se faire sans des professionnels de santé en nombre suffisant sur l'ensemble des territoires.

## *Lutter contre la violence sous toutes ses formes*

« Ils ont changé Lia de famille d'accueil à cause d'un problème sexuel qu'elle a eu dans sa famille d'accueil. Déjà il y avait ce qu'il s'était passé avec sa mère et ce qu'elle a vu avec le compagnon de sa maman, et puis les sévices de la famille d'accueil. »

*(Papa de Lia, huit ans, accueillie en MECS)*

« Quand je fais une bêtise, je dois aller au lit sans manger, ça arrive de plus en plus souvent. »

*(Hadjera, onze ans, en famille d'accueil)*

« Nathan, il a fait une crise avant-hier, l'éducateur l'a attrapé par les bras et les jambes et l'a lancé dans les escaliers. On l'a dit, mais les autres éducateurs ne nous croient pas. »

*(Elio, onze ans, accueilli en MECS)*

« Quand ils disent (les intérimaires) qu'ils s'en foutent de nous, qu'ils sont là pour l'argent, ça ne se fait pas, surtout pour les petits. Nous on s'en fout, mais les petits, ils ne devraient pas entendre ça. »

*(Sharon, dix-sept ans, accueillie en MECS)*

Alors que la première mission de la protection de l'enfance est la protection des enfants en danger, certains enfants et jeunes vivent des violences au sein même des lieux de protection. Les exemples cités ne doivent pas laisser penser que l'ensemble des professionnelles de la protection de l'enfance commettent des actes de violence en direction des enfants et jeunes qu'elles accueillent, comme le souligne également le rapport *La Violence sous protection. Expériences et parcours des jeunes récemment sortis de placement*[61]. Ces exemples doivent permettre de comprendre comment la violence s'immisce dans l'expérience de placement, comment elle se répète, pourquoi elle n'est pas stoppée. Ces exemples indiquent qu'il faut éviter les situations de huis clos[62], le défaut de formation, le burn-out de certaines professionnelles. En théorie, la référente ASE est le tiers qui devrait pouvoir être là pour entendre ces situations et agir. Encore faudrait-il que la référente ne soit pas arrêtée, qu'elle ait pu instaurer un rapport de confiance avec le jeune et qu'elle ait du temps pour l'appeler (et donc moins d'enfants à suivre), enfin, qu'elle puisse potentiellement protéger l'enfant. Dans un contexte de saturation des places, ce n'est pas toujours possible.

À côté de cette violence directe, les conditions de travail et d'accueil en protection de l'enfance rendent inévitables des manifestations de violence indirecte.

« Incasables » : ce mot, toutes les professionnelles de la protection de l'enfance le connaissent. Il désigne ces enfants dont on ne sait plus quoi faire, ces enfants exclus des lieux de placement, souvent pour faits de violence ou fugues répétées. De nombreux jeunes se retrouvent en centre éducatif fermé ou pris en charge par la Protection judiciaire de la jeunesse à la suite de faits de violence commis à l'ASE.

> C'est le cas de deux jeunes qui ont été à l'initiative d'une « révolte » dans une MECS où des jets de pierres ont grièvement blessé des éducatrices. Cette révolte a d'abord été perçue comme un acte gratuit par les professionnelles sous le choc. Celles-ci se sont ensuite souvenues d'un événement anodin : l'annulation au dernier moment d'une sortie cinéma prévue depuis trois mois. Parmi les professionnelles présentes ce jour-là, une majorité d'intérimaires, des « Domino » (du nom de l'agence d'intérim), comme les appellent les enfants.

Certaines violences directes de la part d'enfants et de jeunes sont des réponses à des violences institutionnelles[63] dont on a tendance à négliger les effets. Certaines sont difficiles à éviter, comme le fait d'être placé[64] ou d'être exclu du système scolaire ordinaire, ou encore d'anticiper le remplacement d'une professionnelle.

Expliquer à un enfant qu'une professionnelle va quitter son poste et organiser un temps de passation entre les deux professionnelles qui suivent l'enfant est loin d'être facile à concrétiser, dans le contexte actuel. Il faut que la professionnelle puisse anticiper son départ sans attendre le burn-out. Il faut également qu'une autre professionnelle puisse être recrutée, il faut budgéter une journée de passation entre les deux professionnelles, afin que l'enfant puisse être témoin du passage de relais et que la professionnelle puisse transmettre toutes les informations nécessaires à la continuité (de l'histoire du placement aux petites routines du matin…). Si on veut agir sur les situations de violence, il faut agir sur les causes des violences directes, mais aussi des violences institutionnelles.

## *Accompagner les enfants confiés jusqu'à leur insertion professionnelle*

> « Déjà, je trouve ça bizarre, quand on sort d'une structure de vie en collectivité, de se retrouver tout seul. On nous a appris beaucoup de choses,

on apprend à gérer un budget, faire des courses, mais on ne nous prépare pas à quand on sera tout seul. »

*(Jo, dix-sept ans)*

Chafik est placé depuis ses trois mois. À la veille de ses dix-huit ans, Chafik dort mal, il a peur, peur de l'avenir, peur de partir, peur de se retrouver seul après une vie entière en collectivité. Un nouveau règlement de l'établissement interdit aux anciens de revenir sans avoir fait une demande préalable. À quelques jours de sa fin de placement, Chafik régresse, demande à son éducateur s'il peut l'adopter. Son éducateur est aussi démuni et n'en dort plus la nuit. Un accueil dans un foyer de jeunes travailleurs est pourtant prévu, à 50 kilomètres de son foyer.

En France, les jeunes ont en moyenne vingt-quatre ans lorsqu'ils quittent le domicile parental[65]. Cet âge pourrait paraître élevé, mais il est inférieur aux autres pays d'Europe où les jeunes quittent le domicile familial à 26,4 ans. Ces départs ne sont pas toujours définitifs, puisque les difficultés d'accès à l'autonomie résidentielle conduisent un jeune sur quatre à « recohabiter[66] » avec ses parents après un premier départ. L'une des explications est l'allongement des études, qui, rappelons-le, protègent du chômage et de la précarité, ainsi que l'accès de plus en plus tardif – après vingt-sept ans en moyenne – à un emploi stable, indispensable pour pouvoir se loger (pour ceux qui ne disposent ni de garants ni de capital immobilier). Pour les enfants confiés, le départ doit se faire à dix-huit ans, parfois vingt et un ans, sous conditions. Cette échéance, que les professionnelles et les jeunes redoutent, date de 1974 et de la loi fixant la majorité à dix-huit ans (au lieu de vingt et un ans)[67].

Une enquête de 2001, qui a fait date depuis, réalisée auprès de personnes fréquentant les services d'hébergement ou les distributions de repas chauds[68], estime que 40 % des jeunes SDF ont eu un parcours en protection de l'enfance. Depuis lors, de nombreuses expérimentations ont été lancées pour « éviter les ruptures de parcours », « accompagner l'autonomie », mais sans jamais revenir sur cette limite d'âge. Ainsi, peu de jeunes sortant de la protection de l'enfance font des études longues : 40 % font un CAP (contre 11 % en population générale)[69] et seulement 13 % préparent un bac général (contre 44 % des jeunes en général).

Pour ceux qui n'ont pas été orientés dans des filières courtes dès la troisième, ou dans des classes ou des écoles spécialisées du type section d'enseignement général et professionnel adapté (SEGPA) ou Institut thérapeutique, éducatif et pédagogique (ITEP), comment se projeter vers des études post-bac, et donc vers un bac général et professionnel, quand la suite est aussi incertaine[70] ? Face à l'injonction irréaliste d'une autonomie à dix-huit ans, il faut « anticiper ». Pour anticiper cette fin de « prise en charge », les associations, les départements créent des « appartements semi-autonomie », puis des « appartements autonomie ». À partir de quinze ans, à l'âge où il faut penser au brevet, à son orientation, à la compréhension du nouveau bac, parfois à Parcoursup pour ceux qui auront l'opportunité d'aller jusque-là, à l'âge où la majorité des adolescents développent leur réseau d'amis, s'investissent dans des loisirs ou passions, les jeunes confiés doivent emménager dans un studio, gérer l'intendance et leur budget et préparer la « sortie », et donc construire un « projet d'étude réaliste et réalisable ». Sur les documents administratifs, il est parfois demandé : « Quel est votre projet de vie ? » Quel jeune a, à quinze ou seize ans, un projet d'étude structuré et stabilisé ? Ces capacités à se projeter ou à avoir un « projet stabilisé » sont parfois la condition de l'Accueil provisoire jeune majeur (APJM, souvent appelé par erreur Contrat jeune majeur), qui concerne

13,8 jeunes pour 1 000[71] exclus, les jeunes les plus en difficulté[72].

Face à ce manque, et aux besoins formulés par les jeunes et les professionnelles de terrain, des initiatives locales sont développées : service de suite avec personnel dédié dans certaines fondations, associations ou départements. Des associations d'anciens enfants placés (les ADEPAPE[73], Repairs !) tentent également de se mobiliser mais manquent de moyens.

Les rares Adepape qui reçoivent suffisamment de financement pour permettre l'emploi de salariés et la mise à disposition de studios d'urgence pour l'accueil de jeunes proposent des actions collectives au plus près des besoins des jeunes, puisque pensés par eux (soirée-débat, soutien administratif, voyages, visites des enfants et jeunes pendant les hospitalisations[74]). Des actions trop minoritaires, mais qui répondent pourtant à de vrais besoins car initiées par des jeunes et adultes ayant eux-mêmes fait l'expérience du placement.

## *Protéger* tous *les enfants, y compris ceux qui ne sont pas français*

« Chaque fois que je passe à la station Palais Royal-Musée du Louvre, je pense à Alexander et

Serguey. Il y a quinze ans, je les avais emmenés au musée du Louvre. Ils rêvaient de voir *la Joconde*. J'avais rencontré Alexander et Serguey en colonie de vacances dans les Pyrénées, j'étais animatrice. Ils avaient quatorze et quinze ans et étaient venus en France seuls, après un très long voyage, cachés dans un camion transportant des marchandises. En moins d'un an, ils avaient appris le français et le métier d'ébéniste. Lorsqu'ils ont eu dix-huit ans, et après s'être vu refuser de rester dans le pays où ils s'étaient intégrés, ils sont repartis en Russie. L'année d'après, Alexander est revenu à Paris, Serguey n'était pas là, il s'était fait tuer dans ce pays qu'il avait tenté de fuir. Nous ne sommes pas allés au Louvre, Alexander avait peur, il était devenu un “sans-papiers”. Pendant huit ans, tous les ans, le 1er janvier, Alexander m'a appelée pour me souhaiter bonne année. Chaque année, je l'entendais perdre son français. Puis Alexander a arrêté de m'appeler. »

*(Sociologue, ancienne animatrice)*

« Les mineurs non accompagnés, c'est particulier, mais nous, à force, à force, à force on devient mauvais car on part du principe qu'ils sont en train de raconter des histoires et je trouve qu'on occulte peut-être des choses sur certaines situations. C'est un truc qui devient insidieux en nous, on devient… Ils sont tous pareils, ils sont en réseau, il suffit qu'ils soient longtemps au téléphone… Pour nous, on passe à côté de la problématique d'ados parce qu'on les généralise. On part du principe qu'ils sont tous missionnés, qu'ils mentent tous sur leur histoire. »

*(Éducatrice en MECS)*

Viser la protection de *tous* les enfants, c'est aussi prendre soin des Mineurs non accompagnés[75] (MNA). Le 2 juin 2023, le Comité des droits de l'enfant de l'ONU a formulé des observations sur la politique française en matière de protection de l'enfance, en appelant à des mesures urgentes concernant la situation des enfants migrants[76]. Les MNA représentent environ 20 % des enfants pris en charge par les services de protection de l'enfance[77]. Comme l'observe Sarra Chaïeb, « longtemps invisibilisée dans l'espace public et dans les politiques publiques, puis vue d'abord à travers son extranéité, la population des enfants et jeunes migrants présente sur le territoire national sans autorité légale est, depuis quelques années, devenue l'objet de survisibilisation médiatique et politique[78] ». Pendant longtemps, ils ont été mélangés aux autres enfants et jeunes confiés à la protection de l'enfance, dans des familles d'accueil et MECS. L'absence de toute famille en France, leur expérience antérieure de la guerre, un temps important passé dans la rue dans leur pays d'origine ou en France, un voyage marqué par des expériences souvent traumatisantes (esclavage, prostitution, mort de proches), ainsi qu'une fin de prise en charge à dix-huit ans souvent synonyme de retour au pays ou de vie dans la clandestinité avec tous les risques que cela comporte (esclavage moderne, prostitution, délinquance) différenciaient ces jeunes des autres jeunes confiés à l'ASE.

À présent, l'augmentation de leur nombre sur le territoire français[79] et la médiatisation des débats politiques autour de leur accueil ont conduit à la mise en place d'un certain nombre de mesures de traitement différenciées.

Alors que certains départements ont décidé de refuser l'accueil de nouveaux mineurs, la rationalisation des coûts conduit à une prise en charge « plus proche de la mise à l'abri que de l'accompagnement éducatif » avec un logement dans des hôtels ou d'anciens bâtiments insalubres de la protection de l'enfance[80]. Le coût de journée, et donc le budget pour les repas d'un MNA, est inférieur à celui d'un jeune confié à l'ASE. Alors que la loi du 7 février

2022 a réaffirmé la prise en charge des MNA comme relevant de la protection de l'enfance, que de nouveaux critères de répartition visent à un plus grand équilibrage sur le territoire français[81], de nombreux jeunes se retrouvent « non accompagnés » par l'ASE[82], et le déplacement d'un département à un autre marque la rupture avec un projet démarré ailleurs. Cette rupture supplémentaire met à mal des professionnelles qui font déjà face aux multiples contradictions de la prise en charge des mineurs non accompagnés dans un contexte politique plus répressif vis-à-vis de l'immigration. Malgré ces difficultés, ces enfants et jeunes sont souvent décrits par les professionnelles comme majoritairement très engagés dans une prise en charge y compris des études qu'ils perçoivent comme une chance et qui constitue indéniablement un levier d'action.

## Rien ne pourra se faire sans les travailleuses sociales !

« Les professionnels de la protection de l'enfance, ce sont ceux que l'on n'entend pas, ils sont inaudibles car ils cheminent auprès des invisibles, ceux que l'on ne veut pas voir : les enfants. »

*(Anne Solène Taillardat, du Comité de vigilance des enfants placés, lors de son audition à la commission d'enquête sur la protection de l'enfance, à l'Assemblée nationale, le 14 mai 2024)*

Elles sont au cœur du système, elles sont le moteur de la protection de l'enfance. Celles qui permettent le mouvement. La référence à la mécanique n'est pas anodine. Nous parlons ici des professionnelles qui se décrivent comme « mettant les mains dans le cambouis [1] » dans une société qui n'arrive pas à se défaire de cette vision taylorienne qui sépare « ceux qui pensent » et « ceux qui agissent », avec l'idée sous-jacente, défendue par Taylor[2] lui-même, que ceux qui agissent ne peuvent pas penser. Celles qui apportent ce qu'il y a de plus fondamental aux enfants et aux jeunes sont donc celles dont le travail est le moins reconnu.

Parce qu'« un bébé seul, ça n'existe pas » observait Donald Winnicott, « l'enfant est dépendant des adultes avec qui il est lié, et qui structurent son champ d'action et de réaction », rappelle Bernard Lahire dans son ouvrage *Enfances de classe*. Il y montre que les enfants grandissent dans un monde déjà structuré par des inégalités économiques et culturelles qui, bien qu'elles soient le produit de l'Histoire, ont tout du « paysage naturel » pour les uns et les autres[3]. Voilà pourquoi il est indispensable de reconnaître et de prendre soin des professionnelles qui sont au quotidien auprès des enfants, de leur reconnaître une expertise leur permettant une marge de manœuvre qui a eu tendance à rétrécir.

Y a-t-il des effets « plus positifs », « plus probants », « plus efficaces » depuis que l'on a réduit les marges de manœuvre des professionnelles ? Depuis l'alourdissement des protocoles et l'intervention des cabinets de conseil ? Depuis qu'il faut faire un devis pour acheter un nouveau ballon ou écrire un projet pour réaliser une sortie à la piscine un jour de canicule ? Le manque de données empêche de le savoir ! En revanche, on sait que l'impossibilité de ces actions entraîne le départ de professionnelles, que la réduction des marges de manœuvre positionne les professionnelles comme de simples exécutantes et que c'est l'une des causes principales du défaut d'attractivité du métier et de sa désertion par les professionnelles diplômées.

Le *Livre Blanc du travail social*[4] publié par le Haut Conseil du travail social (HCTS) parle de « travail empêché » pour décrire le défaut de pouvoir d'agir grandissant des travailleuses sociales à tous les échelons, bridé par la parcellisation des tâches et les réglementations. Le travail empêché, c'est aussi le travail d'équipe empêché par l'externalisation. Enfin, le travail empêché, c'est l'idée selon laquelle les travailleuses sociales elles-mêmes, celles qui sont sur le terrain, mais aussi les cadres, aux postes de direction, ne sont pas en mesure de penser les politiques qui les concernent.

## *Des professionnelles bien formées et bien traitées*

« Les médecins, ils ont une formation, les banquiers, ils ont une formation. Pourquoi les intérimaires qui s'occupent de nous, alors qu'on a beaucoup de difficultés, qu'on a vécu des choses difficiles, pourquoi ils ont pas de formation ? »

*(Imen, dix-huit ans)*

« Est-ce que le ministre il pourrait virer tous les intérimaires ? Ils arrivent, ils ne savent même pas où sont les clefs, ils ne savent rien. Ils sont là pour l'argent, ils s'en foutent de nous. »

*(Ethan, huit ans)*

Le recours aux intérimaires est de plus en plus fréquent dans le champ de la protection de l'enfance. Parmi les établissements du secteur social et médico-social, la protection de l'enfance est le secteur le plus touché par un déficit d'attractivité et ayant le plus de difficultés à recruter et fidéliser un personnel qualifié[5]. Le *Livre blanc du travail social* recense des difficultés de recrutement dans 71 % des établissements du secteur et 30 000 postes vacants. La situation a tendance à se dégrader : les écoles de travail social peinent de plus en plus à remplir les promotions d'étudiants, même en abaissant les critères de sélection.

Le manque de professionnelles de la protection de l'enfance risque de s'amplifier, puisque la moitié des personnes qui exercent le métier d'assistant familial sont âgées de cinquante-cinq ans et plus et qu'un quart a atteint ou dépassé l'âge de soixante ans[6]. Il y a donc deux enjeux de taille : développer l'attractivité du secteur et mener une politique visant à soutenir la longévité des professionnelles qui travaillent déjà dans le domaine de la protection de l'enfance.

Il s'agit donc de changer de paradigme. Les personnes les plus importantes, ce sont celles qui sont au quotidien auprès des enfants ! Et ces professionnelles sont les plus compétentes pour réfléchir à ce que doit être la protection de l'enfance.

Reconnaître le travail de celles qui sont auprès des enfants et des jeunes, c'est donner de la valeur au quotidien, au temps, c'est reconnaître la nécessité de compétences, de savoirs et d'expériences, et c'est donner du pouvoir d'agir et de décision. Cette reconnaissance se situe à l'opposé du rôle d'exécutant auquel les professionnelles sont aujourd'hui assignées. Les meilleures politiques et les plus belles intentions ne pourront se réaliser sans l'implication de celles et ceux (mais surtout celles) qui œuvrent pour la protection des enfants et des jeunes, celles qui, au quotidien, prennent soin de bébés, d'enfants, de jeunes et de leur famille.

N'importe quel parent peut se faire une idée de l'attention, de l'énergie, de l'ingéniosité, de la patience, de l'endurance, de la capacité de négociation, des compétences scolaires et administratives que demande la responsabilité d'un enfant, quel que soit son âge. Imaginez maintenant ceci :

Imaginez qu'ils sont un groupe sans cesse recomposé, souvent en sureffectif, et, surtout, que chacun de ces enfants ou adolescents a connu un ou plusieurs traumatismes lourds.

Imaginez des enfants qui ont vécu des violences, des abus sexuels, de la négligence, la guerre, l'exil, l'expérience de la rue, la séparation d'avec des parents malades ou souffrant d'une addiction, parfois tout cela en même temps.

Imaginez des bébés qui sont en sevrage néonatal, des enfants que la police est venue chercher la nuit, ou à la sortie de l'école, des enfants en souffrance qui viennent de perdre des proches, qu'on a séparés de leurs frères et sœurs, qui ont perdu tout repère.

Imaginez des enfants en souffrance d'avoir été exclus du système éducatif parce qu'ils ont des troubles du comportement, des jeunes qui ont traversé la mer ou plusieurs pays sans leurs parents, en risquant leur vie, des jeunes qui rejettent tout adulte après avoir été changés dix fois de lieu de placement et qui s'attendent à en changer encore.

Ces enfants et ces jeunes ont des besoins différents des enfants bénéficiant d'attachement, de stabilité, de confiance : ils peuvent avoir davantage besoin de pleurer et de taper, mais aussi d'attention, d'écoute, de câlins, de rituels, de sécurité, d'un adulte pour eux tout seuls... On comprend rapidement qu'il est plus que nécessaire, pour s'occuper de ces enfants, de ne pas « prendre pour soi » la violence, de se remettre en question, d'analyser, de mettre les bons mots, de proposer les bonnes décisions, d'avoir travaillé sur ses propres représentations vis-à-vis des familles, de connaître ses propres limites, d'être en mesure de travailler en équipe, de connaître la loi et ses évolutions. Il faut être en mesure de collaborer avec le département, l'école, la MDPH, le service psychiatrique de l'hôpital, la justice, la police.

Dans ces conditions exceptionnelles, la formation est indispensable. La seule bonne volonté ne suffit pas pour préparer un enfant à un jugement[7], pour l'accueillir après un temps de rencontre médiatisé[8] avec ses parents, pour prendre de bonnes décisions face à des signes de mise en danger de lui-même ou des autres. Il faut être formé pour comprendre que la violence d'un enfant ou d'un jeune envers l'éducatrice/la famille d'accueil n'est pas « personnelle », pour appréhender la complexité des législations et celle de l'organisation de la protection de l'enfance et des départements. Pourtant, face à la pénurie de professionnelles diplômées, de nombreuses structures sont contraintes de recruter du personnel sous-qualifié, voire non qualifié, de surcroît très souvent en CDD ou, pire encore, des intérimaires. En France, le salaire médian d'une éducatrice spécialisée est d'environ 25 000 euros brut par an, pour un salaire net mensuel d'à peu près 1 600 euros par mois, celui d'une maîtresse de maison[9] est de 21 203 euros brut par an et une monitrice éducatrice perçoit 24 570 euros brut par an. Les professionnelles qui travaillent en milieu ouvert, soit du côté de la prévention, sont particulièrement précarisées[10]. Ces salaires rendent bien sûr quasiment impossible le passage à temps partiel, lorsque ces professionnelles ont elles-mêmes un enfant et veulent passer quelques soirées ou week-ends avec lui. Beaucoup font le choix de partir à ce moment-là, privant alors enfants et collègues de leur précieuse expérience. Récemment, des collectifs d'associations demandaient une circulaire sur le taux d'encadrement en MECS. Si cette circulaire est indispensable, il est tout aussi indispensable que ces professionnelles soient formées et qu'il y ait une stabilité suffisante pour la sécurité de l'enfant. Aujourd'hui, certaines MECS ne fonctionnent qu'avec des intérimaires, et des professionnelles peu expérimentées, voire des stagiaires. Cette situation est d'ailleurs une des principales causes de départ des professionnelles expérimentées, fatiguées de devoir former sans cesse de nouvelles professionnelles de terrain, elles-mêmes mises en difficulté dans leurs relations aux enfants et jeunes par l'incohérence des adultes et de l'institution.

## *En finir avec la taylorisation du travail des professionnelles de l'enfance.*

> « En fait, pour n'importe quoi, un événement que je dois faire, déjà je leur en parle, par exemple si je veux aller chez un ami pour une soirée, enfin pour dormir parce que la soirée ils ne peuvent pas venir me ramener, etc. Et du coup, pour dormir je leur demande. Ensuite, les parents de

mon ami doivent envoyer des mails. Non, attends. D'abord, je leur en parle. Ensuite, ils en parlent aux chefs de service. Après, il faut des mails des parents. Et après, il faut confirmer par mes parents. Après, il faut potentiellement faire confirmer à ma référente ASE, voire parfois par le juge si l'un des deux parents n'est pas d'accord. Ensuite, ça redescend, ça redescend. Ils envoient des mails de confirmation pour mettre tout au clair, et voilà. Ça prend un mois à peu près. »

*(Nicole, dix-sept ans)*

« Il y a les éducateurs de terrain et les éducateurs de bureau, et nous, les éducateurs de terrain, on est contrôlés par les éducateurs de bureau, qui eux-mêmes sont contrôlés par un sous-sous-chef, et ainsi de suite, et l'éducateur de terrain, c'est celui qui est vraiment avec l'enfant, mais c'est celui qu'on reconnaît le moins. »

*(Un éducateur « de terrain » en milieu ouvert dans une association)*

Les éducatrices de bureau s'occupent de la famille dans son ensemble et des dossiers, et les éducatrices de terrain des enfants au quotidien (et remplissent des documents qu'elles transmettent aux éducatrices de bureau, pour que celles-ci puissent remplir les dossiers). L'éducatrice de bureau pense le projet de l'enfant et est en relation avec la juge, les éducatrices de terrain et les assistantes familiales mettent le projet en pratique, sans toujours avoir leur mot à dire.

Cette parcellisation des tâches, comme le travail à la chaîne, engendre perte de sens et perte d'informations. Lorsqu'une personne qui s'occupe d'un enfant ne connaît pas la raison du placement, ne sait pas si un retour est possible en famille, où en est la maman de son addiction et où sont placés les frères et sœurs, cela nuit très fortement à l'accompagnement. Comment être crédible face à des enfants que l'on doit protéger lorsqu'on ne sait rien d'eux ? Comment les accueillir à la suite d'un temps de visite médiatisé lorsqu'on n'a jamais vu les parents ? Comment leur parler de leurs frères et sœurs lorsqu'on ne sait pas où ils sont, quand on ne sait même pas s'ils ont des frères et sœurs ? Comment accompagner un traitement médicamenteux lorsqu'on ne sait pas quand ni pourquoi il a été décidé et qu'on ne connaît pas ses potentiels effets secondaires ?

La parcellisation des tâches est l'effet pervers d'un double mouvement : celui, d'une part, de la professionnalisation et, d'autre part, de la transformation d'un modèle « réparateur » en un modèle inclusif[11]. La professionnalisation, d'abord, tient à l'apparition des diplômes d'éducateur spécialisé (ES) en 1967, de moniteur éducateur (ME) en 1970, d'un Certificat d'aptitude aux fonctions d'encadrement et de responsable d'unité d'intervention sociale (CAFERUIS) en 2004, et d'assistante familiale en 2005. Le mouvement inclusif renvoie à une volonté d'« accompagner les personnes dans leur parcours en faisant en sorte qu'elles soient inscrites dans "le droit commun" et non plus enfermées dans des dispositifs ou des établissements spécifiques[12] ». Une idée théoriquement pertinente, mais cette évolution a conduit à des changements de mission et de cadre de travail des professionnelles issues de formations canoniques telles que celles de l'éducation spécialisée.

Ces dernières deviennent garantes d'un « parcours », alors qu'elles ne sont plus nécessairement présentes au quotidien avec l'enfant. À l'origine, cette mise à distance doit permettre le soutien des professionnelles de terrain et celui d'un tiers pour entendre les difficultés des enfants dans les institutions et les familles d'accueil. Mais c'est sans compter les « nouvelles logiques financières et managériales et les contraintes d'efficience et les logiques de résultats[13] » qui surchargent ces professionnelles (qui gèrent jusqu'à 50 mesures, donc 50 familles, rappelons-le) et les empêchent de remplir ces missions, les limitant à des fonctions de contrôle.

En parallèle de cette nouvelle organisation, des catégories de métiers moins diplômés, monitrices éducatrices, éducatrices familiales, veilleuses de nuit, maîtresses de maison, voire parfois sans aucun diplôme, remplacent les éducatrices qui étaient auparavant au quotidien avec les enfants. Ce quotidien si dévalorisé, alors que c'est le précieux moment de toutes les transmissions, de l'éducation !

Ces professionnelles, en bas de la hiérarchie, ont peu d'autonomie et se trouvent elles-mêmes prises dans des rapports de domination avec les professionnelles des formations canoniques. Cette domination se superpose aux rapports sociaux de genre, de classe et de race. Comme dans beaucoup de métiers, on trouve en bas de l'échelle le plus souvent des femmes, souvent racisées. Mais toutes sont soumises à des « pratiques normées internes et pratiques normées externes qui produisent une tension entre acceptation et nécessité, d'un côté et contrainte empêchant le travail, de l'autre[14] ».

La non-reconnaissance des compétences des professionnelles de terrain, parfois confortée par le défaut de formation des personnes qui occupent ces postes, conduit bien souvent les éducatrices référentes à ne pas transmettre un certain nombre d'informations concernant l'enfant et sa famille, ce qui entrave fortement le travail éducatif. Des assistantes familiales peuvent accueillir en urgence des enfants et jeunes sans avoir d'information sur leur parcours de placement et sur les raisons de ce placement.

> Héléna, assistante familiale, aurait peut-être plus facilement compris la difficulté de Brian à faire confiance si elle avait su qu'il avait changé six fois de lieu de placement après être resté deux ans en foyer d'urgence. Information qui n'a pas pu être transmise parce que son éducatrice référente était en arrêt et qu'elle n'avait pas été remplacée.
>
> Christophe, l'éducateur de Syana, n'aurait peut-être pas préparé la petite à un retour chez son père s'il avait su que celui-ci avait fait de la prison pour violences conjugales.

Ainsi, les professionnelles présentes au quotidien avec les enfants voient « se réduire leur autonomie » et leur travail ramené « à des fonctions d'exécution sous la direction de hiérarchies beaucoup plus intrusives[15] ». Dans un contexte extrêmement vertical et contre-productif, il est temps que les professionnelles coopèrent de concert et de manière horizontale pour répondre aux besoins de l'enfant[16].

## *Pas d'éducatif sans droit d'initiative pour les professionnelles*

> Le week-end, lorsqu'il fait beau, Clément, moniteur-éducateur, prend un minibus et emmène les ados du groupe qui n'ont rien à faire pour une randonnée. En général, il faut se débrouiller pour récupérer de quoi pique-niquer à droite et à gauche, car il n'est pas possible de demander un pique-nique pour le jour même au service chargé des repas. Par chance, la montagne n'est pas trop loin, il n'a pas besoin de faire de paperasse pour les kilomètres, il fera tout de même un plein de sa poche, car depuis peu, il n'y a plus de « caisse » dans le service. Il y a donc Rayane, qui a des troubles du spectre autistique et surtout beaucoup d'humour, et qui est à la MECS depuis la pouponnière. Il y a Samara, sportive et bonne élève, mais qui n'est pas dans une forme olympique depuis qu'elle a

été violée par l'un des garçons du groupe, et puis aussi Théo, toujours prêt à aider, et dont le surpoids fait de cette balade improvisée un véritable challenge. Les voilà partis pour, l'espace d'une journée, oublier les murs de l'institution et les problèmes des uns et des autres, pour franchir ce sommet ensemble, dans une nature qui leur « fait du bien ». « On a fait 20 kilomètres, avec en plus du dénivelé », préciseront-ils, fiers d'eux, en rentrant. Clément, lui, irait bien dormir tout de suite, il a porté tous les sacs et est fatigué d'avoir négocié et argumenté pour pousser les trois adolescents à avancer. Mais aujourd'hui, il est de soirée, et les six autres jeunes viennent de rentrer de leurs visites chez les parents. Il espère que tout ne s'est pas trop mal passé. Clément se pose la question de partir ou de rester dans la protection de l'enfance. Il se sent méprisé par sa hiérarchie.

Pour Noël, Célia, assistante familiale, a offert de l'aquarelle et un carnet de dessins à chacun des trois enfants qu'elle accueille depuis six mois. Cette année, elle a pu se permettre de dépasser le budget cadeaux de Noël du département car son mari a eu une prime de fin d'année. Chaque semaine, Célia amène les enfants dans la nature pour peindre. Les enfants sont fiers de montrer à qui veut bien les regarder leur carnet de dessins et les progrès réalisés. Les enfants ne resteront pas longtemps, Célia a démissionné après s'être vu refuser pendant quatre mois un week-end de congé. Ce n'est pas la seule raison, mais personne, pas même les enfants, ne connaît exactement les raisons de cette décision.

La cheffe de service de la MECS Bienvenue autorise les éducateurs à amener leurs animaux domestiques lorsqu'ils viennent travailler. Les enfants sont ravis d'accueillir ces invités dont ils peuvent s'occuper, qu'ils peuvent caresser et à qui ils peuvent se confier. Face à l'enthousiasme et à l'intérêt des enfants, Julie, une éducatrice, organise régulièrement des visites au refuge de la SPA, à quelques kilomètres du foyer. Julie espère que lorsque Sylvie, la cheffe de service, partira à la retraite, sa remplaçante sera aussi ouverte aux propositions et improvisations des équipes.

Ellau est artiste, photographe et art thérapeute. Chaque semaine, elle sculpte, peint et crée des œuvres avec des jeunes accueillis en Centre éducatif fermé (CEF). L'espace d'un instant, ce ne sont plus des délinquants, mais des artistes qui se révèlent et des émotions qui s'expriment par l'art. Un nouveau directeur vient d'arriver au CEF, il se demande si tout ce matériel stocké pour l'atelier est vraiment « aux normes ». Ellau espère que les jeunes pourront au moins finir les œuvres commencées et se demande si elle a encore sa place ici.

C'est la fin de l'été, Marcus, trente ans de carrière, a décidé d'emmener les enfants de son groupe, qui ont entre cinq et neuf ans, en randonnée pour ramasser des mûres. Six kilomètres plus tard, les voici de retour dans la cuisine : déchiffrant la recette de la confiture de mûre, calculant les proportions, mangeant quelques mûres au passage. Le lendemain matin, ce sera tartine de pain et confiture de mûre, et pas n'importe laquelle, celle confectionnée par les enfants eux-mêmes, qui n'ont jamais aussi bien mangé au petit-déjeuner et avec autant de fierté. Marcus sait que son chef de service fermera les yeux sur cette activité autrefois autorisée mais aujourd'hui interdite. Mais les nouveaux éducs, eux, ne s'autorisent pas à braver l'interdit des normes HACCP[17] (Hazard Analysis Critical Control Point).

Les intoxications alimentaires sont-elles suffisamment graves et fréquentes pour priver des générations d'enfants du bonheur et de la fierté de manger des confitures confectionnées de A à Z et des générations de professionnelles d'une activité gratuite et fortement éducative ? Ces exemples figurent parmi les milliers de pratiques éducatives et émancipatrices pour les enfants et les jeunes pouvant être empêchées par les protocoles, les process, la rigidité des règles et le manque d'autonomie des professionnelles.

Est-il possible de grandir sans prendre de risque ? Que dire de l'injonction faite aux éducatrices : rendez les enfants autonomes mais ne prenez aucun risque (au risque que les adultes de demain confondent les mûres avec du poison et soient incapables de cuisiner eux-mêmes)[18]. La question du risque est la motivation centrale de nombreuses règles et normes qui « empêchent » de grandir, d'apprendre, d'éduquer, de transmettre et qui excluent de la société normale. Dans certains départements et associations, les professionnelles n'ont pas de caisse ou de carte bancaire disponible au sein des groupes, ni d'avance sur leur compte leur permettant de réaliser une petite activité[19]. La moindre activité (piscine ou sortie au musée) doit faire l'objet d'un projet anticipé et écrit à l'avance avec une grille d'indicateurs d'évaluation des effets de cette action, et le moindre petit achat (d'un ballon, d'une glace l'été) implique un devis. Ces procédures empêchent la spontanéité du travail éducatif dans des contextes où les groupes bougent et où les besoins des enfants évoluent.

Ces procédures sont explicitement nommées comme une raison de départ des professionnelles, fatiguées qu'on ne leur fasse pas confiance, fatiguées de tant de déconsidération de leurs compétences, alors que de nombreuses pratiques éducatives sont le fait d'une interaction entre l'adulte et l'enfant, dans un contexte et à un moment donné. Tout ne peut pas être anticipé et tout ne doit pas être anticipé au risque de se faire sans l'enfant ou le jeune et sans la professionnelle.

## *Contre le management par les chiffres et pour le temps éducatif*

> Aujourd'hui, c'est samedi, on vient d'apprendre que la maman de Lia, six ans, qui vit en famille d'accueil, s'est suicidée cette nuit. Sa référente ASE, Caroline, voudrait prendre le temps de lui annoncer et souhaiterait qu'elle soit avec quelqu'un de sa famille. Elle voudrait passer la journée, au moins la demi-journée, ou rien qu'une heure avec Lia. Mais elle doit également trouver trois places pour un placement en urgence, gérer la situation entre Wassim et son assistante familiale qui a dégénéré. Caroline doit également organiser un retour anticipé de week-end chez le

père de Mattéo, Eva et Océane. Mattéo vient de l'appeler, le papa est alcoolisé. Seulement, il n'y a qu'un éducateur dans le groupe de la MECS où les enfants sont accueillis. Caroline avait prévu un pique-nique pour que Candice, Anatole et Armand, des frères et sœurs qui vivent dans trois MECS différentes, passent du temps ensemble, alors qu'ils ne se sont pas vus depuis trois mois et qu'ils attendent ce moment avec impatience. Caroline ne peut pas passer le relais. Deux référentes sont en arrêt, et les autres ne connaissent pas les enfants.

Gérer les urgences, c'est le quotidien des référentes ASE en plus de leurs différentes missions. En dehors des urgences, elles s'occupent en moyenne de 40 « situations »[20]. Or la plupart estiment à 20 ou 25 le nombre maximal de situations leur permettant d'effectuer leur travail. Dans un contexte où le champ du social prend la voie et les travers du médico-social, on voit apparaître des prestations à l'acte, proches du T2A[21] à l'hôpital, qui omettent le temps que prennent l'échange, l'écoute, la réflexion, les déplacements pour rencontrer les uns et les autres sur leur lieu de vie ou leur lieu de travail. La crise de la protection de l'enfance ne touche pas seulement les professionnelles au quotidien avec les enfants et les jeunes, mais tous les cadres. Le « travail empêché » et les conditions de travail dégradées sont les premières causes de départ de ces professionnelles lorsqu'elles prennent conscience qu'elles font partie d'un système enrayé.

La référente ASE ou référente parcours réalise l'accompagnement de la famille. C'est elle qui est en lien avec la juge et fait appliquer la décision de justice. La référente ASE est aussi celle qui doit agir si un placement se passe mal, par exemple quand l'enfant est victime de violence sur son lieu de placement ou quand une mesure d'accompagnement à domicile ne permet pas de protéger l'enfant. Théoriquement, la référente ASE suit l'enfant durant l'ensemble de son parcours quel que soit son lieu de vie. Le métier est donc celui qui est censé faire le plus continuité. Le problème, c'est que ces professionnelles restent très souvent moins longtemps que l'enfant/le jeune à l'ASE. La raison ?

Lorsqu'on leur donne la parole, les enfants évoquent le besoin de voir régulièrement leur éducatrice référente et de pouvoir la joindre lorsqu'ils en éprouvent le besoin. Ils sont d'ailleurs très conscients des conditions de travail des professionnelles en question.

« C'est sûr que les éducatrices, elles ont beaucoup d'enfants, mais elles ne nous voient pas, ne nous connaissent pas vraiment » (propos recueilli lors d'un groupe d'échanges avec des enfants et jeunes entre neuf et dix-neuf ans).

Plusieurs enfants évoquent un besoin d'échanges soutenus à certains moments clés de leur placement, par exemple au moment de la levée de certaines mesures éducatives, au moment du décès d'un parent, au moment de révélations de violences subies, avant ou après les audiences.

De leur côté, les référentes ASE souffrent de ne pas avoir le temps d'aller voir chaque enfant, de visiter chacun des lieux de placement, de suivre les changements des situations familiales. Faute de places et de temps, elles souffrent de ne pas pouvoir répondre aux besoins de l'enfant. Elles souffrent de devoir remplir de multiples formulaires dans de nombreux logiciels sans en comprendre le sens, de devoir rendre des comptes à une hiérarchie délocalisée, de remplir des indicateurs construits par des chargés de mission déconnectés du terrain. Les postes de ces professionnelles plus formées et (a priori) plus reconnues et mieux payées que les professionnelles qui sont au quotidien avec l'enfant sont aujourd'hui aussi peu attractifs.

## *Changer de paradigme : ceux qui agissent savent penser !*

L'un des effets de la parcellisation des tâches, c'est l'externalisation (soit le fait de déléguer certaines tâches à des prestataires extérieurs), qui est loin d'être sans conséquence pour les enfants, sans cesse confrontés à de nouveaux visages (agents d'entretien, cuisinières et cuisiniers, veilleurs de nuit).

L'externalisation, c'est aussi celle des fonctions administratives de nombreuses associations, lorsqu'elles sont absorbées par de grands groupes. La plupart du temps, les ressources humaines, les administratifs, parfois les directions ne sont plus dans les établissements mais dans une autre ville, parfois un autre département ou même une autre région.

Mais l'externalisation, c'est aussi celle de la pensée. Aujourd'hui, des projets d'établissements ou de services, des schémas départementaux, des politiques de protection de l'enfance sont délégués à des cabinets de conseil généralistes. Ainsi, celles et ceux qui agissent, travaillent au quotidien avec les enfants et les familles ne sont impliqués ni dans les projets qui portent leurs actions ni dans l'évolution du secteur qui est le leur. Ce fait pose plusieurs questions cruciales. Les experts de l'expertise ont-ils de meilleures idées que les personnes impliquées ? Peut-on réellement réenchanter le travail social sans donner à ses acteurs la possibilité de penser ?

# Application des lois et soutien des associations de terrain : les enjeux majeurs de la protection de l'enfance

Depuis plus d'une dizaine d'années, on observe dans le champ de la protection de l'enfance un mouvement antinomique.

D'un côté, l'injonction à la participation des enfants et des jeunes est de plus en plus présente. La Stratégie nationale de prévention et de protection de l'enfance (SNPE) de 2020-2022 a d'ailleurs l'ambition de « faire en sorte que les enfants et anciens enfants accompagnés participent à l'ensemble des temps et des instances d'élaboration et de décision » et la thématique a été retenue comme un des objectifs de la contractualisation entre l'État et les départements[1]. De l'autre, l'implication des collectifs de professionnels et des associations de terrain n'a jamais été autant mise en difficulté.

Comment permettre une participation qui ne soit pas « décorative » (risque soulevé par la défenseure des droits Claire Hédon[2]) sans des collectifs qui la permettent ? Alors même que les professionnelles de terrain voient leur marge de manœuvre s'amoindrir et que les associations sont empêchées de penser leur projet et de le mettre en œuvre, comment tenir la promesse de la participation, telle qu'elle est énoncée dans les textes de loi ?

## *Faire de l'application des lois une priorité absolue*

> « Moi, le placement, ça a détruit ma famille, mes frères et sœur, je ne les connais plus. On a grandi séparés. »
>
> *(Mélissa, quinze ans)*

> « J'ai connu une TISF (Technicienne de l'intervention sociale et familiale) que j'aimais beaucoup, elle a arrêté du jour au lendemain. Ça touche, tu te dis est-ce que c'est de ma faute ? Ça m'a fait pareil avec mon éducatrice référente, c'est un peu un traumatisme, tu te dis

toujours, au fond est-ce que c'est de ma faute ? »

*(Andy, quatorze ans)*

« Quand on leur demande, la grande majorité des enfants voudrait être avec leurs frères et leurs sœurs. Il y en a un qui m'a dit : "Elle est nulle ta question. Quand tu avais huit ans, tu aurais aimé être séparé de ton frère ou de ta sœur ?" »

*(Antoine, chef de service MECS)*

Lorsque l'on donne la parole à des enfants et jeunes confiés, lors d'instances de participation, on pourrait s'attendre à ce qu'ils fassent des demandes extravagantes. C'est très loin d'être le cas. Ils souhaitent voir leurs frères et sœurs au moins une fois par mois, aimeraient savoir un peu à l'avance quand leurs professionnelles vont quitter leur poste. Ils voudraient être consultés lors de choix d'orientation (en famille d'accueil ou établissement) et ne pas être « abandonnés à dix-huit ans ». Ces demandes ont un point commun : elles ont fait l'objet de lois, mais qui ne sont pas appliquées pour une part très importante d'enfants et de jeunes. Faire en sorte que les principales lois qui encadrent la protection de l'enfance aujourd'hui soient appliquées pour l'ensemble des enfants et des jeunes est donc une priorité absolue. Parmi les lois qui ne sont pas appliquées pour une part importante des enfants et jeunes confiés (entre un quart et la moitié), nous pouvons citer :

**– L'article 6 de la loi de 2007, qui vise à ce que « les liens d'attachement noués par l'enfant avec d'autres personnes que ses parents soient maintenus, voire développés, dans son intérêt supérieur ».**

Dans nos enquêtes, la majorité des enfants et jeunes ne maintiennent pas de liens avec les personnes qu'ils ont rencontrées, parce qu'ils n'y sont pas accompagnés, et que ces liens avec des anciennes professionnelles sont encore trop souvent implicitement ou explicitement interdits. La démultiplication des lieux de placement est un obstacle au maintien de liens. Dans une enquête réalisée par le Laboratoire d'évaluation des politiques publiques et des innovations, 60 % des enfants et jeunes ayant connu cinq lieux de placement et plus ne citent aucun adulte ou pair de placement avec qui ils ont gardé des liens[3].

**– L'article 16 de la loi de 2007, qui précise que « l'observatoire départemental de la protection de l'enfance établit des statistiques qui sont portées à la connaissance de l'assemblée**

**départementale et transmises aux représentants de l'État et de l'autorité judiciaire ».**

Aujourd'hui, la majorité des départements ne sont pas en mesure de transmettre ces données, du fait, en grande partie, de logiciels défaillants, ou qui nécessitent un travail trop laborieux pour des professionnelles qui doivent faire rentrer des situations d'enfants dans des cases trop rigides.

**– L'article 19 de la loi de 2007, puis l'article 21 de la loi de 2016, qui précisent que les services départementaux et titulaires de l'autorité parentale doivent établir un projet personnalisé pour chaque enfant (Projet pour l'enfant, ou PPE) impliquant l'enfant, les parents et le référent ASE et les professionnelles du quotidien.**

74 % des départements reconnaissent que le projet pour l'enfant n'est pas systématiquement mis en œuvre et que « l'enfant ne semble pas pleinement associé à son élaboration[4] ». Lorsque les enfants ont un PPE, il n'est pas toujours connu des professionnelles qui l'accompagnent au quotidien.

**– L'article 13 de la loi de 2016, qui indique qu'au moment du placement le département doit mener une évaluation afin de repérer si**

**l'enfant peut être accueilli par un tiers dans le cadre d'un accueil durable et bénévole.**

L'accueil chez des tiers dans le cadre d'un accueil durable et bénévole est aujourd'hui de 7,9 %[5], cette possibilité n'est pas systématiquement étudiée, faute de temps et de services ou d'associations pouvant accompagner ces tiers.

**– L'article 5 de la loi de 2022, qui réaffirme que « l'enfant est accueilli avec ses frères et sœurs en application de l'article 371-5, sauf si son intérêt commande une autre solution ».**

Dans certains départements, près de 60 % des enfants qui ont des frères et sœurs ne sont placés avec aucun d'entre eux sur le même lieu de placement.

**– L'article 7 de la loi de 2022, qui interdit explicitement le placement à l'hôtel des enfants et des jeunes confiés à l'ASE.**

Difficile de chiffrer le nombre d'enfants placés à l'hôtel, mais de récents événements tragiques ont mis un coup de projecteur sur cette pratique, encore d'actualité.

**– L'article 2 de la loi de 2022, qui précise qu'un bilan pédiatrique, psychique et social doit être réalisé pour chaque enfant confié.**

Là encore, il est difficile d'avoir des données statistiques, mais ce bilan n'est pas systématiquement fait, faute de personnel médical disponible dans les départements et établissements, et en raison de la liste d'attente chez les personnels de santé en libéral.

La liste n'est malheureusement pas exhaustive, et il aurait été possible de commencer par la mission première de la protection de l'enfance : protéger. Que dire des mesures non exécutées ? Que dire des maisons de l'enfant qui ne fonctionnent qu'avec des intérimaires non formées, qui changent chaque semaine, voire chaque jour ?

Avant de réformer, d'ajouter des lois ou des circulaires et même de sanctionner, il s'agit de comprendre pourquoi ces lois ne sont pas respectées et ce qu'il est nécessaire de faire pour qu'elles le soient.

### *Accompagner l'accueil dans des environnements de type familial*

Le 12 novembre 2019, les Nations unies ont adopté une résolution ciblant, pour la première fois, les enfants « privés de leur prise en charge parentale[6] ». Celle-ci insiste sur la nécessité de permettre à tous les enfants de grandir dans un « environnement familial » favorable à leur développement et encourage les États membres à « désinstitutionnaliser » l'accueil des millions d'enfants dans le monde qui vivent dans des établissements collectifs. En France, un lieu d'accueil collectif, c'est traditionnellement une MECS, un foyer, avec dix, quinze, vingt-cinq, cinquante enfants, plus parfois, répartis le plus souvent par tranches d'âge, parfois par groupes interâges afin de permettre aux frères et sœurs d'être ensemble.

Ce sont des chambres pour un ou deux enfants, des cuisines, des réfectoires, des salles de télévision ou des salles de jeux collectifs, des bureaux pour les équipes éducatives et des salles de réunion. En dehors de son aspect historique (anciens orphelinats…), l'institution, c'est ou c'était (car ce n'est plus autant le cas, faute de moyens) aussi la possibilité d'avoir une infirmière et une psychologue sur place. C'est la possibilité d'avoir une équipe d'éducatrices et de faire en sorte que les professionnelles ne soient pas isolées, afin, notamment, d'éviter les maltraitances.

Mais c'est aussi être soumis à un certain nombre de contraintes réglementaires imposant un mobilier proche du mobilier hospitalier ou conduisant souvent à remplacer la cuisine maison par la livraison de repas préparés par des fournisseurs de restauration collective matin, midi et soir.

Alors, où en est la France dans cette « désinstitutionalisation » ? Pour bien comprendre les enjeux de cette recommandation, il faut avoir en tête les alternatives possibles. La première alternative, préconisée par l'ONU, c'est le maintien dans la famille biologique, avec le soutien et l'accompagnement nécessaires à la sécurité et au bien-être des enfants, ce qui correspond à la prévention, l'AEMO et l'AED. La seconde alternative est l'accueil chez des proches ou dans la communauté, l'adoption. En France, 7,9 % des enfants sont placés chez un tiers digne de confiance, dans le cadre d'un accueil durable et bénévole[7] (décret n° 2016-1352 du 10 octobre 2016), en 2022, 973 enfants issus de la protection de l'enfance ont été adoptés en France, majoritairement des pupilles d'État[8]. La troisième alternative est la famille d'accueil. En 2021, en France, 40 % de l'ensemble des enfants et jeunes confiés à l'Aide sociale à l'enfance étaient accueillis par 38 000 assistantes familiales[9], avec de grandes disparités selon les départements. Un pourcentage en baisse (en 2015, la part des enfants accueillis en famille d'accueil était de 50 %) et qui risque de continuer de baisser au regard de l'âge des assistantes familiales, de l'augmentation du divorce (qui peut entraîner l'impossibilité de conserver un logement avec suffisamment de chambres)[10] et des contraintes liées à l'évolution des conditions de l'accompagnement et à la saturation du nombre de places.

Être famille d'accueil, c'est avoir un logement suffisamment grand pour accueillir deux enfants en moyenne et avoir un second salaire pour subvenir aux besoins de la famille. Parfois, l'accueil de trois, voire quatre enfants (plus parfois) est souhaité, parfois il est nécessaire pour que le salaire soit suffisant. Être famille d'accueil, c'est accompagner les enfants à leurs rendez-vous médicaux (psychologue, orthophoniste), c'est les accompagner aux visites avec leur mère, leur père, leurs frères et sœurs. C'est passer beaucoup de temps à faire le taxi, car c'est souvent habiter sur des territoires où le logement n'est pas trop cher et où les services publics, les lieux de soins, les services de l'ASE sont éloignés.

Alors, pour faire face au manque de familles d'accueil et tenter de proposer des environnements de type familial aux enfants, des départements, des associations ouvrent de petites structures ou organisent l'espace en tentant de reconstituer des environnements familiaux, comme dans les villages d'enfants (où les enfants vivent dans des maisons à six ou huit) ou des espaces innovants où assistantes familiales et éducatrices se passent le relais.

### *Soutenir les petites et moyennes associations de protection de l'enfance qui ont une histoire et un ancrage territoriaux*

Pour se projeter vers l'avenir, il faut s'ancrer dans une histoire, un passé. L'histoire de la protection de l'enfance, ce sont des associations souvent religieuses, parfois issues de mouvements d'éducation populaire, qui, depuis plusieurs décennies, ont accueilli, accompagné les enfants protégés et continuent aujourd'hui, au côté des départements, à accueillir une part importante des enfants confiés. Ces associations ont une histoire, une mémoire, un projet, des valeurs, un ancrage territorial. Un peu comme une famille qui aurait son histoire, sa mémoire, ses rituels, ses habitudes, qui lui confèrent une identité. Lorsque l'on mène des enquêtes auprès d'anciens enfants confiés, l'histoire de l'association dans laquelle ils ont été placés (les fondateurs, les valeurs, les spécificités, ce qui la distingue) est énoncée et devient l'histoire des enfants eux-mêmes[11]. Les adultes ayant été confiés à la fondation Action enfance (anciennement Mouvement pour les villages d'enfants) ou à l'Œuvre de secours aux enfants (OSE) connaissent le nom des fondateurs et l'histoire des associations. Ils racontent leurs souvenirs de vacances dans la maison construite par les premiers enfants, orphelins de guerre accueillis par l'association. La présence historique de ferme ou l'organisation d'événements spécifiques tels qu'Action enfance fait son cinéma (rendu possible par les moyens financiers permis par le statut de fondation), sont autant d'exemples qui contribuent à créer un sentiment d'appartenance positif pour les adultes ayant eu une expérience de placement.

Professionnelles et enfants ont besoin de cette histoire et de ce passé communs pour se construire au présent et se projeter dans l'avenir. Il s'agit d'assumer une histoire plutôt que de la nier ou de la standardiser. Les projets associatifs sont teintés d'une histoire religieuse, politique, militante, géographique. Mais cette histoire, même si elle appartient au passé, ne permet-elle pas de remplir un vide moral, philosophique, spirituel réunissant adultes et enfants autour d'une mémoire commune ? La question du vide spirituel[12] dans une protection de l'enfance qui va vers une standardisation se pose régulièrement : par exemple, au moment des attentats, lorsqu'on a noté que la majorité des djihadistes français et belges étaient d'anciens confiés[13].

Certaines de ces associations avaient déjà des lieux de suite (permettant de continuer d'accompagner les jeunes majeurs) avant que la loi le préconise ; d'autres menaient des projets culturels importants ; d'autres encore étaient très impliquées dans la vie locale et cultivaient leur propre jardin avant que le bio ne soit à la mode ; certains établissements avaient des animaux avant que l'on parle de médiation animale. Ce sont ces associations qu'il faut soutenir, plutôt que de vouloir à tout prix standardiser des dispositifs par le haut et homogénéiser le placement. En sus du respect de la loi, les associations doivent pouvoir développer leurs propres projets (contrôlés par l'État) qui répondent à des besoins avérés et mobilisent les ressources existantes. Elles sont souvent la certitude d'une adéquation entre besoins et réponses et la possibilité pour les professionnelles et les jeunes d'avoir un réel pouvoir d'agir sur les organisations et les actions.

## *Penser l'évolution de la protection de l'enfance avec les professionnelles*

Certaines bonnes idées théoriques, inspirées de l'étranger ou essaimées à partir de bonnes pratiques, peuvent être la cause d'un grand dysfonctionnement dans leur mise en œuvre pratique parce qu'il a manqué un travail de co-construction avec les acteurs de terrain.

Ainsi de l'idée du travail social inclusif : la mise en œuvre de cette très bonne idée (en théorie) a entraîné l'ajout d'échelons (référentes parcours) intermédiaires, l'alourdissement de tous les process et un défaut de stabilité de lieux (on parle de dispositifs plutôt que d'établissements). L'inclusion part de l'idée selon laquelle les enfants ne doivent pas être enfermés dans des établissements qui les excluent de la société[14] mais doivent au contraire demeurer intégrés à celle-ci. Les enfants en situation de handicap, qui constituent une part grandissante des enfants confiés à l'ASE et qui étaient auparavant scolarisés dans un Institut thérapeutique, éducatif et pédagogique (ITEP), sont aujourd'hui dans un Dispositif thérapeutique éducatif et pédagogique (DITEP). Concrètement, cela signifie qu'ils passent quelques heures à l'école, quelques heures en Centre médico-psychologique (CMP) et ont des rendez-vous avec des thérapeutes en ville. Pour les professionnelles, il s'agit d'organiser l'ensemble de ces rendez-vous et de dédier une personne pour transporter l'enfant d'un endroit à un autre. Les enfants qui ont le plus besoin de repères se retrouvent avec des emplois du temps où chaque journée est différente, sans lieu fixe ni routine. Alors, soit, ils ne sont plus dans des établissements spécialisés, mais en pratique, ils ne sont plus « nulle part ». Si les familles d'accueil, chez qui sont placés prioritairement les enfants en situation de handicap, sont particulièrement pénalisées par ce changement, les familles le sont aussi. Et il n'est pas rare que le placement administratif (à l'initiative des parents) soit une manière de déléguer cette organisation et ces procédures, pour des parents qui n'ont ni les moyens financiers de déléguer ni marge de manœuvre dans leur activité salariée, et parfois des difficultés pour comprendre le fonctionnement de toutes les organisations. Il ne s'agit pas de remettre en question l'idée d'inclusivité, mais sa concrétisation, en faisant le pari que les évolutions ont tout intérêt à être co-construites avec les acteurs de terrain qui sont en mesure d'anticiper un certain nombre d'effets induits.

## *Stopper la marchandisation du social et la mise en concurrence des associations*

Une part importante de la protection de l'enfance est mise en œuvre par le champ associatif[15]. Plus de 2 000 associations « gèrent les établissements ou les services mettant en œuvre les mesures administratives ou judiciaires en faveur des mineurs en danger, et dont les salariés sont en contact direct avec ces mineurs et leurs familles[16] ». Depuis les lois de décentralisation, les départements ont délégué une partie de l'action publique aux associations présentes sur les territoires et ayant une connaissance fine des publics. En 2011, le secteur associatif représentait 70 % des places dans les établissements (60 % dans les établissements de l'ASE, 85 % dans les établissements ASE et Justice et 32 % dans les établissements Justice), 80 % des places dans les services d'Action éducative en milieu ouvert, 98 % des places dans les équipes de prévention, 91 % des places dans les lieux de vie et 100 % des places dans les villages d'enfants[17]. L'accueil familial est essentiellement géré par les services de l'ASE.

Depuis les années 2000 et l'essor du *new public management*, « une relation d'acheteur-fournisseur entre la puissance publique, le monde associatif et le secteur privé lucratif se développe, où la mise en concurrence pour l'accès aux financements publics est vue comme un élément constitutif de l'efficacité des associations ». Se développe une « culture du contrat, marquée par l'absence d'engagement sur le long terme tout en contenant des spécifications de travail ou de tâches très détaillées, avec des exigences en matière de performance, de respect des normes[18] ». Dans un contexte où les financements publics des associations passent moins par des subventions que par des appels à projet[19], de nombreuses petites et moyennes associations, le plus souvent dirigées par des cadres du travail social très compétentes avec les publics – enfants, jeunes et familles –, implantées sur des territoires et intégrées dans des réseaux locaux, n'ont pas les compétences et le personnel qualifié pour répondre à ces appels d'offres. Ce mode de financement fragilise en outre le fonctionnement des petites et moyennes associations, qui ne peuvent faire face à des associations nationales ayant des services dédiés, souvent dirigées par des diplômés d'écoles de commerce.

Ces mises en concurrence conduisent également les associations à proposer des services à bas prix entraînant a posteriori des objectifs chiffrés inatteignables pour des professionnelles sous-payées, tout en surajoutant de nouveaux dispositifs « innovants » caducs, qui répondent plus à la commande publique qu'aux besoins des enfants, des jeunes et des familles. Cette logique fragilise un certain nombre d'associations et services qui deviennent précaires, alors qu'ils doivent justement accompagner les plus précaires, et participe à une perte de sens de la mission des travailleuses sociales.

Cette marchandisation du social est une des causes principales de la désaffection des métiers. Parler de « crise des vocations » conduit souvent à invisibiliser l'effet de cette marchandisation sur la désaffection du métier. Non, un métier d'exécutant, soumis à une logique de chiffre, sans marge de manœuvre, avec des injonctions d'une hiérarchie hors sol, entourée de collègues qui changent régulièrement, voire d'intérimaires, ne fait pas rêver !

## *Produire des données et de la connaissance*

Combien d'enfants sont confiés à l'ASE en 2024 en France ? Combien de jeunes confiés vont avoir dix-huit ans l'an prochain ? Combien d'enfants confiés ont une mesure MDPH ? Combien d'enfants pris en charge par la Protection judiciaire de la jeunesse sont passés par l'Aide sociale à l'enfance ? Aujourd'hui, ces données n'existent pas.

40 % de SDF passés par l'Aide sociale à l'enfance, 25 % d'enfants de l'ASE en situation de handicap. Ces chiffres sont connus de tous, mais d'où viennent-ils ?

Le premier est issu d'une enquête de l'INSEE qui a été réalisée en 2001 auprès des personnes fréquentant les services d'hébergement ou les distributions de repas chauds[20]. Ainsi, ce chiffre a près de vingt-cinq ans. Depuis, aucune enquête ne permet de savoir comment il a évolué.

Le « quart d'enfants de la protection de l'enfance ayant une mesure MDPH » est une estimation[21] faite à la suite d'auditions réalisées par le défenseur des droits et à l'origine d'un rapport datant de 2015 : *Handicap et protection de l'enfance : des droits pour des enfants invisibles*. Depuis dix ans, aucune donnée n'a été produite à l'échelle nationale. Les quelques départements qui arrivent à produire cette donnée comptabilisent environ 30 % d'enfants confiés à l'ASE qui ont une mesure MDPH[22].

Pourquoi ne produisons-nous pas de données sur les enfants confiés ? État et départements se rejettent mutuellement la faute. La réalité, c'est que les départements n'ont pas ces données, qui leur seraient pourtant bien utiles pour réaliser leur schéma départemental et anticiper ! Pourquoi ?

La première raison est d'ordre pratique : les logiciels nationaux ne sont pas compatibles avec les logiciels des départements. De plus, certains logiciels, et il en existe beaucoup, sont des logiciels professionnels vendus aux conseils départementaux par des prestataires privés très éloignés des secteurs de protection de l'enfance, et dont les services clients ne sont pas en mesure de répondre rapidement et efficacement aux multiples bugs[23].

La seconde raison est une question de compétences. Les chargés de mission des Observatoires départementaux de la protection de l'enfance (ODPE) n'ont presque jamais d'équipes et sont le plus souvent d'anciens travailleurs sociaux ou titulaires de doctorat ou de master en sciences de l'éducation, qui ne sont pas formés à gérer des bases de données[24]. La plupart du temps, à l'échelle des établissements, des données existent, car les établissements rendent, chaque année, des rapports d'activité. Mais ces données ne sont jamais agrégées. Car l'agrégation de données et la manipulation d'une base de données sont un métier en soi ! C'est pour cela que la Direction de la recherche, des études, de l'évaluation et des statistiques (DREES), par exemple, envoie pour chaque enquête, dans les départements, ses propres statisticiens, afin d'agréger les données des établissements et structures sociales et médico-sociales.

Or, produire des données, c'est se donner les moyens de sortir de « la logique de réaction et de réparation[25] », c'est-à-dire anticiper. Les statistiques permettent d'objectiver, loin du registre émotionnel. Pour reprendre l'appel de la Commission nationale consultative des droits de l'homme au gouvernement, les données permettraient de placer la protection des enfants « au cœur de l'action publique, en appréhendant la maltraitance comme un fait social et non comme un fait divers[26] ». Cette Commission note par exemple que, lorsque des enfants confiés à la protection de l'enfance décèdent, les décès se produisent majoritairement au sein des familles, et non dans les établissements de protection de l'enfance. Sur des sujets nécessairement très chargés émotionnellement, les données sont essentielles pour les décideurs et les acteurs de terrain eux-mêmes.

## Traiter les causes plutôt que les conséquences

La protection de l'enfance ne peut se penser en dehors de la société, un plan d'envergure ne peut concerner uniquement les professionnelles de la protection de l'enfance et les enfants et les jeunes déjà pris en charge.

Prévenir, c'est un axe fondamental ; souvent invisibilisé !

Prévenir, c'est agir auprès de tous les parents, de toutes les familles et de tous les enfants. Protéger tous les enfants, c'est protéger les femmes de la violence intrafamiliale dont elles sont victimes, c'est protéger les familles de la pauvreté et de la précarité et de ses conséquences, l'isolement, les problèmes de santé. C'est « aller vers », pour reprendre la définition même de la prévention[1]. Aller vers toutes les familles, aller vers tous les enfants et tous les jeunes.

Ainsi, la protection des enfants n'est pas uniquement la responsabilité de l'Aide sociale à l'enfance et des départements, mais la responsabilité de l'État et des ministères en charge de l'Égalité hommes-femmes, du Travail, du Logement et de l'Éducation, de la Santé.

## *Lutter contre l'isolement des parents et mener des actions de prévention auprès des familles*

Il y a des placements inévitables. Lorsqu'on rencontre des adultes ayant fait l'expérience de placement durant leur enfance, ils expliquent : « J'en voulais aux policiers, j'en voulais aux éducateurs, je leur en ai fait baver, car je voulais retourner chez mes parents. Mais avec le recul, heureusement que j'ai été placé[2]. » Et puis il y a les placements qui ont été évités par des mesures de prévention. D'autres auraient pu l'être. Les associations qui portent les mesures en milieu ouvert et qui réalisent des actions de prévention auprès des familles sont souvent invisibilisées, parce que les effets sont difficilement quantifiables et qu'elles prennent des formes extrêmement différentes, s'adaptant aux besoins de chacun. Il suffit pourtant de passer quelques heures avec une éducatrice qui accompagne les familles pour se représenter toutes les déclinaisons du mot accompagnement et la palette de formes que prend la prévention.

> Sandrine, éducatrice en AEMO, rencontre ce matin une jeune adolescente qui s'est scarifiée jusqu'à avoir des points de suture. Pendant une hospitalisation, la maman a évoqué la violence du conjoint. L'hôpital a fait un signalement, puis la maman s'est rétractée. Pendant les trois quarts d'heure de rencontre, l'adolescente n'ouvrira pas la bouche. L'éducatrice contacte le collège où elle est scolarisée et le Centre médico-psychologique, partout elle entend le même discours : l'adolescente va très mal mais ne veut pas être aidée. En fin de matinée, Sandrine se rend au tribunal pour lire le dossier d'une nouvelle situation qu'elle va suivre, elle prend des notes, avant de rencontrer une nouvelle famille. Cette famille se trouve en très grande précarité, occupe avec ses quatre enfants un logement insalubre : le signalement a été fait par l'école, car les enfants ne sont pas propres. Il n'y a ni eau ni électricité dans le logement. Comme les parents semblent démissionnaires (un mot terrible pour désigner des familles n'ayant pas les comportements attendus par l'institution), Sandrine vient aider à faire des papiers pour que cette famille obtienne des aides

financières, un logement social peut-être. La maman a peur, elle a été elle-même placée, elle craint qu'on ne lui enlève ses enfants. Sandrine la rassure. La maman ne sait pas bien lire. Sandrine joue le rôle de médiation entre l'école et la famille, l'assiste pour obtenir des aides. Il y a les informations dans le dossier du juge, et toutes celles que Sandrine réussira à glaner, de rencontre en rencontre, au domicile des personnes, à l'association. Dans cette famille, le juge a prescrit que « le père doit prendre sa place de père ». Qu'entend-il par place de père ? En face-à-face dans le bureau de l'association, difficile de mettre ce papa à l'aise. Celui-ci a évoqué aimer pêcher avec son fils, au détour d'une conversation. Sandrine décidera de faire les premiers temps de rencontre devant une canne à pêche, côte à côte. Elle apprendra même à mettre un hameçon, une manière de renverser pendant quelques secondes le rapport de domination entre le travailleur social et la famille.

Il faut y aller progressivement, écouter, se décentrer. Lutter sans cesse contre un ethnocentrisme de classe des représentations sur l'image du « bon parent », pour avoir un regard soutenant et non jugeant.

Sur le terrain, des expériences voient le jour, des crèches sociales où des assistantes maternelles peuvent devenir assistantes familiales le temps d'un week-end, des sorties parents-enfants, des temps de rencontre entre parents pour s'entraider sur des thématiques. Ce sont souvent ces mêmes associations, fortes de ces expériences, qui expérimentent dans le cadre plus contraint qu'est la mesure, et même le placement. Des coformations entre travailleuses sociales et personnes pauvres pour déconstruire les représentations réciproques et mieux coopérer, des centres parentaux qui accueillent les deux parents avec leur bébé ou leur jeune enfant, des associations de parrainage qui mobilisent des collectifs de bénévoles autour des enfants sont autant d'expériences à soutenir et développer.

## *Faire de l'école et des associations des partenaires privilégiés*

Après deux ans en MECS associative et un travail soutenu de l'éducatrice qui suit Sihem au quotidien avec la mère de celle-ci, la mesure de placement va se transformer en Action éducatrice à domicile. Depuis l'arrivée de Sihem, déscolarisée et ayant des conduites prostitutionnelles, son éducatrice n'a pas changé. C'est elle qui a accueilli

Sihem et sa maman et leur a fait visiter la MECS. C'est aussi elle qui a appelé sa maman presque tous les jours pour préparer l'orientation de Sihem et lui faire faire une carte d'identité au moment du passage du brevet. Après un travail de l'équipe pour aider à apaiser les conflits et incompréhensions entre la mère et la fille, les visites médiatisées se sont rapidement transformées en journées complètes au domicile, puis en week-ends et en vacances. Les échanges avec l'école de Sihem ont permis d'obtenir une place en internat pour l'an prochain. Ainsi, elle sera la semaine en internat et le week-end et les vacances chez sa mère. Sihem et sa mère savent qu'elles pourront continuer d'être en lien avec la MECS associative.

La protection de l'enfance et l'accompagnement des familles ne peuvent se faire sans l'école. Parce qu'un enfant vivant en établissement n'est pas qu'un enfant placé, mais également un élève, l'habitant d'une ville…

À l'école, les enfants confiés vivent bien souvent une scolarité difficile. Parce que issus de familles majoritairement pauvres et peu diplômées, parce que ayant vécu des événements qui ont pu, durant une période plus ou moins longue, empêcher l'acquisition des savoirs scolaires, parce que ayant subi des changements d'école impactant la scolarité, leurs parcours scolaires sont chaotiques. Certains se trouvent tout bonnement exclus du système éducatif général pour l'éducation spécialisée, faute de parents se mobilisant pour une ou un Accompagnant des élèves en situation de handicap (AESH) en classe.

Laissons parler les données : à dix-sept ans, les jeunes confiés sont plus nombreux que les jeunes de la population générale à avoir redoublé une fois (48 %, contre 38 %). À dix-sept ans, leur taux de scolarisation est inférieur à 80 %, c'est-à-dire environ 10 points de moins par rapport à la population générale. Seulement 13 % des jeunes de dix-sept ans dans les dispositifs de protection de l'enfance préparent un baccalauréat général, contre 36 % des enfants d'ouvriers et 51 % des jeunes issus de leur génération de référence, de tous milieux sociaux. 40 % d'entre eux préparent un CAP, contre 11 % dans la population générale[3]. Dans une enquête rétrospective auprès d'anciens enfants placés, il est observé que les souvenirs d'école sont de manière générale assez négatifs, tant dans la relation avec les enseignants qu'avec les camarades de classe. Les enfants arrivent souvent en cours d'année, parfois avec une ou plusieurs années de retard, sont stigmatisés par le fait de « ne pas vivre avec leurs parents », « de ne pas avoir de parents », « d'être un enfant du foyer » et parfois d'être « mal habillés[4] ». Cette même enquête montre que les professionnelles qui se trouvent au quotidien auprès des enfants ont bien souvent un manque de compétence scolaire : les assistantes familiales, les maîtresses de maison, les veilleuses de nuit ont souvent fait des études courtes, parfois à l'étranger, et ne connaissent pas bien le système éducatif français. De plus, les professionnelles n'ont pas assez de temps à consacrer à l'aide aux devoirs, mais aussi aux relations avec l'école, à commencer par les sorties scolaires qui jouent un rôle décisif dans l'intégration à la vie de l'école. Dans certains départements, des éducatrices spécialisées dédiées viennent plusieurs fois par semaine dans les familles d'accueil pour aider les enfants dans leur scolarité (aide aux devoirs, mais aussi relations avec l'école). Dans une fondation bénéficiant de fonds privés, des enseignants Acadomia viennent chaque semaine dans les villages d'enfants pour aider les enfants à faire leurs devoirs, dans un autre établissement, ce sont des enseignants bénévoles, impliqués dans une association d'éducation populaire, qui interviennent une à deux fois par semaine auprès des enfants.

La présence d'associations et de mouvements d'éducation populaire est extrêmement diversifiée sur le territoire et peut constituer un réel soutien : dans l'aide aux devoirs, l'ouverture à des actions culturelles ou sportives ou l'aide à l'insertion professionnelle. Si les relations entre protection de l'enfance et école sont indispensables à l'accompagnement de l'enfant, elles impliquent du temps. Du temps de rencontre, permettant la déconstruction des représentations des uns et des autres. Ces rencontres régulières qui favorisent l'interconnaissance sont aussi nécessaires au repérage des situations préoccupantes et à l'accompagnement des familles le plus en difficulté.

## *Intensifier la lutte contre les violences faites aux femmes et aux enfants*

Parmi les axes politiques liés à la protection de l'enfance, il y a la lutte contre les violences faites aux femmes. La reconnaissance du besoin de protection des enfants victimes et covictimes de violences intrafamiliales, inscrite dans la loi du 18 mars 2024[5], permet de protéger l'enfant du parent, plus souvent le père, auteur de féminicide ou de violence conjugale, ou du parent, plus souvent le père encore une fois, auteur d'inceste[6].

Protéger les femmes et enfants victimes de violence implique de relever les défis complexes de la communication et du partenariat entre les territoires. Toutes les professionnelles de la protection de l'enfance ont de multiples exemples de situations qui n'ont pas pu être suivies à cause de changements de département. L'affaire Marina, petite fille décédée par suite des sévices de ses parents[7], a mis en évidence le dysfonctionnement des services et des départements incapables de suivre de près la famille qui déménageait très fréquemment et qui avait fait l'objet de plusieurs signalements dans des départements différents.

La protection des femmes et enfants victimes de violence implique échange et coopération entre les départements, afin de suivre les situations, mais aussi de faciliter la mise en place de mesures d'éloignement indispensables à la protection des femmes et de leurs enfants victimes de violence. Les associations militantes qui ont permis de rendre visibles les féminicides, les numéros d'appel d'urgence sont de premières marches fondamentales. Lutter contre la violence masculine implique également un travail d'acculturation dès l'enfance, à l'école et dans tous les espaces socialisateurs de la société.

## *Lutter contre la grande pauvreté des familles*

> Mme E. élève seule ses trois enfants, entre six et neuf ans. Elle est aide à domicile. Le mercredi, elle n'a aucun moyen de faire garder ses enfants et n'a pas d'autre choix que de travailler pour subvenir aux besoins de sa famille et conserver son emploi. Le mercredi, Mme E. dépose ses enfants à la médiathèque. Ils y restent jusqu'au soir. À la suite d'un signalement pour abandon de la part du personnel de la bibliothèque et d'une visite au domicile qui rend compte de l'insalubrité du logement, la fratrie est placée. La maman n'est pas maltraitante, elle est pauvre et isolée.

Si l'on veut traiter les causes, et pas uniquement les conséquences, il faut agir contre la grande pauvreté des familles. « Bien que des études chiffrées fassent défaut, de nombreuses professionnelles évoquent l'existence d'un lien entre pauvreté des familles et placement de leurs enfants. S'il faut se garder de toute généralisation hâtive qui assimilerait pauvreté et placement – la précarité seule ne motive jamais la décision de placement –, on constate que la précarité des familles a une influence sur le placement[8]. » La majorité des familles accompagnées par la protection de l'enfance sont en effet en situation de pauvreté. Si la pauvreté n'est pas un critère de placement, l'absence d'un domicile fixe, l'insalubrité du lieu de vie, la mauvaise hygiène, le défaut de repas réguliers ou encore le fait, pour des enfants, de rester seuls pendant que leur mère travaille, faute de mode de garde, peuvent être des critères de mesure de protection de l'enfance, voire de placement.

Regardons les choses en face, comment imaginer qu'un enfant vivant dans une voiture ou dans un centre d'hébergement d'urgence puisse dormir sereinement malgré le froid et le bruit ? Lorsque l'on sait que le développement physique, psychique et cognitif se fait en grande partie pendant le sommeil, comment imaginer que l'enfant puisse suivre les attendus à l'école ?

Un enfant sur cinq vit sous le seuil de pauvreté en France, ce qui représente près de 3 millions d'enfants. Une étude de l'INSEE publiée en 2018 montre que les moins de trois ans (et les quinze/dix-huit ans) sont les plus touchés. Malgré les politiques publiques déployées depuis plusieurs années, ce chiffre n'a pas baissé depuis dix ans. La majorité de ces enfants vivent en famille monoparentale. En effet, 32,3 % des familles monoparentales vivent au-dessous du seuil de pauvreté (contre

14,5 % de la population générale)[9]. Des travailleuses pauvres sont majoritairement à la tête de ces familles monoparentales.

De plus, les enquêtes s'accordent sur une proportion de mineurs de 20 % parmi les personnes sans domicile. La plupart sont hébergés en hôtel social. L'UNICEF France estime qu'environ 8 000 enfants vivent en bidonville en France métropolitaine[10]. Une part importante des mamans des enfants confiés sont bien souvent aides à domicile, aides-soignantes, agents d'entretien, elles travaillent à mi-temps et « survivent », elles sont souvent aussi aidantes familiales et ont parfois des problèmes de santé liés à la pénibilité de leur métier.

Lutter contre la pauvreté, c'est agir sur les effets de celle-ci, en particulier les problèmes de santé physique et mentale. Stabiliser financièrement les conditions de vie est donc un préalable à l'amélioration de la santé des familles et des enfants. Aider l'accès au droit sans placer les familles en situation de devoir sans cesse « mériter » les aides qu'elles reçoivent, renforçant encore davantage le stigmate d'être aidé sans pouvoir rendre.

# Pour conclure

La protection de l'enfance traverse une crise extrêmement importante et inédite qui ne pourra se résoudre sans mesures fortes.

En 2024, des bébés, des enfants, des adolescents ne sont pas protégés, sont en attente d'accompagnement ou de placement. La sécurité physique et affective des enfants et des jeunes n'est pas assurée pour l'ensemble des enfants confiés. Après plusieurs années de commissions, de rapports, de consultations, de mobilisation de cabinets de conseil pour repenser le secteur et de promesses, il est temps d'agir.

Rien ne pourra se faire sans les professionnelles de terrain qui sont au quotidien auprès des bébés, des enfants, des jeunes et de leurs familles, qui vont vers les familles, les jeunes dans le cadre de ce que l'on nomme la prévention. Il est temps de changer de paradigme et de valoriser ces métiers, de reconnaître leurs compétences et leur indispensable rôle au sein de notre société et auprès des enfants. Management par le chiffre, parcellisation des tâches, réduction de l'autonomie et rôle d'exécutant conduisent à l'impuissance.

Comment protéger des enfants, comment éduquer, lorsque l'on se sent quotidiennement empêché ? Cette impuissance est partagée par les directions, contraintes par les appels d'offres, les mises en concurrence, les restructurations. Dans un système sous tension, les longues absences, les démissions entraînent des réactions en chaîne qui retombent sur les enfants.

La protection de l'enfance a besoin d'assistantes familiales, d'éducatrices, de maîtresses de maison, de TISF et de veilleuses de nuit, mais elle a aussi besoin de juges et de greffiers, de médecins, d'infirmiers, de psychologues, de psychiatres, d'orthophonistes, d'enseignants, d'AESH, de chargés d'insertion, d'animateurs et d'animatrices. La pénurie de professionnelles ne touche pas seulement le travail social, mais toutes les professionnelles et tous les professionnels qui gravitent autour de la protection de l'enfance et plus généralement de l'enfance. Partout le même discours : le problème, c'est le défaut de marge de manœuvre, la déconsidération (y compris salariale), le management par le chiffre, les réformes hors sol. Les métiers qui, a priori, devraient donner le plus de satisfaction – qu'y a-t-il de plus beau que d'élever, d'aider à grandir un enfant ? – sont ceux qui font le plus souffrir. Celles qui partent aiment leur métier mais ne veulent plus être maltraitantes, faute de moyens et de marge de manœuvre.

Il est temps d'agir en faisant confiance aux éducatrices, aux monitrices éducatrices, aux assistantes familiales, aux responsables associatifs et aux enfants et aux jeunes. Des actions extraordinaires émergent de la rencontre, de l'expérience sensible. Il s'agit de recréer un cercle vertueux : des possibilités d'agir pour l'engagement des professionnelles et des professionnels.

Il est temps d'agir en réfléchissant avec ces professionnelles et les enfants et jeunes aux solutions pour améliorer la protection de l'enfance, en se concentrant notamment sur la question du handicap, de la violence, de la santé, du passage à l'âge adulte. De grands chantiers à venir, qui ne peuvent se réaliser sans eux.

## Quatorze propositions

**1. Lancer un plan sur l'attractivité des métiers de la protection de l'enfance et la fidélisation des professionnelles :**

– Augmenter les salaires des professionnelles qui travaillent au quotidien auprès des enfants et des jeunes, afin que le temps partiel soit envisageable à certaines périodes de leur vie professionnelle.

– Proposer des modalités d'emploi du temps permettant de concilier vie professionnelle et vie privée, en particulier pour les professionnelles ayant des enfants (souvent synonyme d'arrêt de carrière du fait de l'incompatibilité des emplois du temps). Permettre de concilier deux métiers (métiers artistiques et métiers du social, par exemple).

– Valoriser l'ancienneté des professionnelles, y compris lorsqu'elles passent de l'Action éducative en milieu ouvert (AEMO) et l'Aide éducative à domicile (AED) au placement et inversement.

– Impliquer les professionnelles dans les politiques qui les concernent et dans l'évolution de la protection de l'enfance.

– Permettre à des familles d'accueil de conserver un emploi si celui-ci est compatible avec leurs missions.

– Lancer des enquêtes donnant la parole aux professionnelles (ayant quitté le secteur, étant en intérim ou en poste) et analyser les fonctionnements des associations qui ont le moins de problèmes de recrutement et de turn-over (sur des mêmes territoires).

– Favoriser les formations-passerelles permettant à des professionnelles de l'enfance, de la petite enfance et de l'éducation de s'orienter vers la protection de l'enfance.

– Rendre visibles les mesures d'AED et d'AEMO, moins connues que les mesures de placement, et l'importance du travail avec les familles.

**2. Lancer un plan à moyen terme visant à limiter puis à éviter complètement l'appel à des intérimaires :**

– Travailler de concert avec les agences d'intérim pour un statut particulier (avec vérification du casier judiciaire avant la prise de poste, formation minimum obligatoire et signature d'une charte déontologique).

– Viser l'objectif zéro intérimaire d'ici cinq ans dans l'ensemble des établissements.

**3. Augmenter le nombre de places (de placements) dans l'ensemble des départements à partir de l'estimation des mesures non exécutées, et les places en AED et AEMO à partir des listes d'attente :**

– Des places d'urgence doivent être constamment disponibles.

– Privilégier les lieux d'accueil permettant de regrouper les fratries avec des groupes interâges.

– Des lieux d'accueil relais doivent également exister dans l'ensemble des départements.

**4. Limiter le nombre d'enfants et de familles suivis par une professionnelle à 25 maximum (pour les référents ASE en placement et pour les éducateurs en AED et AEMO) :**

– Imposer sur le temps de travail des temps réflexifs, d'analyse de la pratique et de suivi psychologique pour l'ensemble de ces professionnelles.

– Rendre possibles les actions collectives (avec plusieurs enfants ou jeunes) et individuelles (avec un enfant ou un jeune) selon les besoins repérés et l'expertise des professionnelles.

– Donner le temps à chaque référent ASE de se rendre au moins tous les deux mois au domicile des familles d'accueil afin d'instaurer une relation de confiance et la possibilité de soutien.

**5. Recruter une infirmière (1 équivalent temps plein, ETP) pour 25 enfants, sur site, à l'échelle des établissements et des départements :**

– Coordonner les relations entre MDPH et ASE afin de faire en sorte qu'aucun enfant n'ait un traitement sans un suivi médical régulier.

– Informer les professionnelles des traitements suivis par les enfants et des effets secondaires que peuvent induire ces traitements.

– Former et soutenir les familles d'accueil accueillant des enfants en situation de handicap, et plus encore lorsque l'enfant est scolarisé quelques heures ou qu'il doit être conduit à de nombreux rendez-vous (psychologue, orthophoniste, CMP...).

– Assurer le suivi de santé de chaque enfant et jeune et les liens avec les services médicaux et hospitaliers.

– Accompagner les hospitalisations d'enfants et de jeunes.

**6. Soutenir, former, accompagner les familles d'accueil afin de lutter contre l'isolement de ces professionnelles (et les démissions brutales) :**

– Rendre obligatoire l'accord d'un week-end de répit (de congé) par mois.

– Financer des lieux d'accueil relais, associés à des projets culturels, sportifs, écologiques, d'éducation populaire, pour accueillir les enfants dont les assistants familiaux sont en week-end de répit.

– Accompagner psychologiquement chaque acteur de la protection de l'enfance (groupes d'analyse de la pratique et groupes de parole thématiques animés par des intervenants extérieurs au placement, suivi psychologique individuel).

– Favoriser la participation des familles d'accueil, mais aussi des maîtresses de maison et veilleurs de nuit, à des formations et recherches-actions (visant la production de connaissance scientifique utile et utilisable à partir de questionnement de terrain) permettant la réflexivité dans un espace d'horizontalité.

**7. Faire une priorité de la transmission des informations concernant l'histoire de l'enfant, le jugement, sa santé et son projet personnalisé à chaque changement de lieu de placement :**

– Transmettre les informations non seulement aux éducateurs, mais aussi aux familles d'accueil et aux maîtresses de maison.

– Permettre aux assistantes familiales et aux maîtresses de maison de transmettre des informations aux juges de manière directe.

– Décrire explicitement dans le dossier de l'enfant si celui-ci a été victime de situations de violence dans des lieux de placement.

**8. Les actions éducatives ne doivent pas être pensées sans les professionnelles qui les mettent en œuvre :**

– Donner des marges de manœuvre pour imaginer et mener des actions éducatives en situation.

– Doter chaque service d'une caisse toujours disponible (ou d'une carte bancaire) pour les dépenses et activités spontanées, afin que les professionnelles de terrain ne soient pas obligées d'avancer les frais ou de faire des devis pour la moindre petite dépense.

– Limiter l'obligation de devis et la rédaction de projet aux budgets supérieurs à 50 euros pour un enfant.

– Exclure les MECS et lieux de vie des normes Hasard Analysis Critical Control Point (HACCP) et autoriser la confection des repas maison, y compris avec des fruits et légumes du jardin ou des fruits sauvages ramassés par les enfants.

– En dehors des risques vitaux, interroger chaque nouvel interdit de manière objective et en considérant les conséquences sur le présent et l'avenir des enfants (notamment en termes de liens sociaux et d'attachement).

– Communiquer sur les actes usuels et non usuels, soit ce que les professionnels ont le droit de faire sans demander l'autorisation des parents, du référent ou du juge des enfants. Autoriser un enfant à aller dormir chez un ami ou à être accompagné par un tiers à une activité est ainsi un acte usuel.

**9. Soutenir par des subventions pérennes les petites associations ayant une histoire et un ancrage territorial pour assurer continuité**

**et stabilité auprès des enfants, jeunes et familles accompagnées :**

– En sus du respect des lois commun à toutes les associations, chaque association peut avoir son propre projet et doit pouvoir revendiquer une histoire et des valeurs.

– Fixer l'objectif de représenter des jeunes confiés, d'anciens enfants confiés et des parents dans les CA des associations, et veiller à impliquer des acteurs locaux dans ces mêmes CA.

– Valoriser les initiatives locales plutôt que les nouveaux dispositifs nationaux qui peinent souvent à trouver leur public, faute d'ancrage local.

– Comparer les effets sur les publics visés et les coûts réels des actions associatives subventionnées et des actions par logique d'appel à projet.

**10. Organiser la production de données et d'évaluations efficaces :**

– Organiser la recentralisation au niveau de l'État du choix et du financement de logiciels permettant le recueil de données minimales.

– Recruter au sein des observatoires de la protection de l'enfance des *data scientists* pour recueillir et agréger les données qui existent dans les établissements.

– Réaliser des diagnostics à l'échelle de chaque département et une planification sur trois à cinq ans visant à faire appliquer les lois.

– Ne pas engager de nouvelles réformes législatives d'ampleur sans s'assurer de l'application des lois en vigueur par chaque acteur de la protection de l'enfance.

– Accepter que certaines actions ne soient évaluables que sur le long terme et éviter le remplissage de grilles d'indicateurs inutiles.

– Soutenir les projets de recherche et de recherche-action portés par des universitaires, écoles de travail social et tiers-secteurs de la recherche.

**11. Soutenir les initiatives locales émergeant de besoins de terrain à partir des orientations législatives et minimiser les systèmes d'appels d'offres :**

– Soutenir les services de suites accompagnant les jeunes à la fin de la prise en charge ASE.

– Soutenir les associations d'accompagnement des tiers dignes de confiance (personnes de l'entourage de l'enfant à qui il peut être confié).

– Soutenir les associations d'anciens enfants confiés sur les territoires.

– Soutenir les initiatives telles que les centres parentaux (centres accueillant les jeunes enfants et leurs parents).

– Soutenir les lieux relais dans des fermes, des lieux culturels ou en lien avec les associations d'éducation populaire.

– Soutenir les actions de terrain impliquant des partenariats locaux.

**12. Lutter contre la pauvreté et l'isolement des familles :**

– Accompagner l'accès au droit des familles en situation de pauvreté.

– Accompagner l'accès à des logements décents pour les familles.

– Co-construire des actions collectives entre parents et professionnelles de l'ASE pour déconstruire les représentations des uns et des autres et faciliter la coopération et la prévention.

**13. « Conforter la prévention spécialisée comme compétence obligatoire de la protection de l'enfance » (proposition de la Convention nationale des associations de protection de l'enfant**[1])

– Assurer la couverture de l'ensemble des territoires par les associations de prévention.

– Aller vers les parents de jeunes enfants (avant la scolarisation), les familles, les enfants et les adolescents (selon les compétences de la prévention spécialisée).

– Proposer aux parents et aux professionnelles des démarches de recherche-action, ou des actions collectives sur les questions sensibles de la violence, des sanctions, et plus globalement de l'éducation.

**14. Assurer le respect des droits fondamentaux des enfants et l'application des lois concernant les besoins des enfants accompagnés par l'ASE :**

– Organiser les lieux d'accueil afin que l'accueil en fratrie soit privilégié, comme le prévoit la loi.

– Systématiser les moments de rencontre entre les frères et sœurs (notamment ceux qui sont séparés dans les lieux de placement et qui ne se rencontrent pas lors des visites avec les parents) dans des espaces propices à la création de liens (avec des supports de médiation).

– Impulser et accompagner le maintien des liens avec les adultes et les enfants qui ont, à un moment donné, compté pour l'enfant et autoriser l'attachement des professionnelles en direction de l'enfant.

– Accompagner chaque enfant pour qu'il participe à des activités sportives, culturelles et à des mouvements d'éducation populaire, et promouvoir l'engagement associatif.

– Assurer un accueil décent aux mineurs non accompagnés, dans des lieux de la protection de l'enfance.

# Glossaire

AED : Aide éducative à domicile

AEMO : Action éducative en milieu ouvert

AESH : Accompagnant des élèves en situation de handicap

APJM : Accueil provisoire jeune majeur

ASE : Aide sociale à l'enfance

CAFERUIS : Certificat d'Aptitude aux fonctions d'encadrement et de responsable d'unité d'intervention sociale

CEF : Centre éducatif fermé

CIIVISE : Commission indépendante sur l'inceste et les violences sexuelles faites aux enfants

CMP : Centre médico-psychologique

CMPP : Centre médico-psycho-pédagogique

DITEP : Dispositif ITEP

DREES : Direction de la recherche, des études, de l'évaluation et des statistiques

ETP : Équivalent temps plein

HACCP : Hazard Analysis Critical Control Point

HCTS : Haut conseil du travail social

ITEP : Institut thérapeutique, éducatif et pédagogique

MDPH : Maison départementale des personnes handicapées

MECS : Maison d'enfants à caractère social

MNA : Mineurs non accompagnés

ODPE : Observatoire départemental de la protection de l'enfance

PAI : Projet d'accueil individualisé

PJJ : Protection judiciaire de la jeunesse

PPA : Projet personnalisé d'accompagnement

PPC : Plan personnalisé de compensation

PPE : Projet pour l'enfant

PPS : Projet personnalisé de scolarisation

SEGPA : Section d'enseignement général et professionnel adapté

SNPE : Stratégie nationale de prévention et de protection de l'enfance

TISF : Technicien de l'intervention sociale et familiale

VIRAGE : Violences et rapports de genre: enquêtes sur les violences subies par les femmes

Visite médiatisée : Rencontre entre un enfant et son parent organisée en présence d'un tiers pour garantir la sécurité et le bon déroulement de la visite

# Remerciements

Je remercie tous les enfants et les jeunes que j'ai eu l'occasion de rencontrer, et qui, avec une impressionnante maturité, ont accepté de me parler de leur expérience. Un immense merci, et toute mon admiration, à l'ensemble des professionnelles de l'Aide sociale à l'enfance qui m'ont accueillie dans le contexte de leur quotidien souvent en tension. Un grand merci également aux parents des enfants accompagnés et confiés, pour qui l'exercice de l'entretien n'est pas toujours facile. Enfin, je remercie Jacques Attali, Julie Martinez et l'équipe France Positive pour leur confiance, leur soutien et leurs relectures. Je remercie Diana Filippova, Chloé Michaud, Thomas Tougard et Anavril Wollman pour leurs relectures attentives et leurs très précieux conseils pendant l'écriture de cet essai.

# Notes

* L'ensemble des propos (situations décrites ou extraits d'entretiens) relatés dans cet essai sont issus des recherches menées sur la protection de l'enfance avec mes collègues Patrick Dubéchot, Chloé Michaud, Volha Vysotskaya, Lucile Ottolini, Anne Jacquelin, Samuel James et Cyril Dheilly. Les situations décrites et les extraits d'entretiens ou de propos tenus dans des groupes de travail ou d'échange ne sont jamais des cas isolés mais sont représentatifs des réalités de la Protection de l'enfance, rencontrés dans plusieurs départements et plusieurs associations. Ces entretiens et échanges ont pour la majorité d'entre eux été enregistrés puis retranscrits dans leur intégralité. Les observations ont été décrites dans des journaux de terrain. Les prénoms des personnes concernées ont été modifiés.

1. Nadia Amrous, Élisa Abassi, Cheikh-Tidiane Diallo et Klara Vinceneux, « L'aide sociale à l'enfance – édition 2023 », *Les dossiers de la DREES*, n° 115 et ONPE, *La population des enfants suivis en protection*

*de l'enfance au 31 décembre 2020, les disparités départementales*, décembre 2022. L'estimation est faite à partir des données de la DREES et du ministère de la Justice.

2. Le rapport sur la situation des pupilles de l'État en comptabilise 3 464 au 31 décembre 2020. ONPE, *La Situation des pupilles de l'État. Enquête au 31 décembre 2020*, juin 2022.

### RÉPONDRE AUX BESOINS FONDAMENTAUX DES ENFANTS D'AUJOURD'HUI ET DES ADULTES DE DEMAIN

1. Code de l'action sociale et des familles. Partie législative (Articles L111-1 à L591-1), Modifié par LOI n° 2022-140 du 7 février 2022 - art. 10 (V), Modifié par LOI n° 2022-140 du 7 février 2022 - art. 36 (V).

2. Perrine Cheval, « Entretien avec Céline Raphaël », *Les Cahiers Dynamiques*, vol. 75, n° 2, 2019, p. 6-12.

3. Chiffre du Service statistique ministériel de la sécurité intérieure.

4. Claire Compagnon, Nicolas Durand, Béatrice Del Volgo, Françoise Neymarc, Isabelle Poinso, Frédéric Thomas et Évelyne Louville, *Évaluation du fonctionnement des services sociaux, médicaux, éducatifs et judiciaires concourant à la protection de l'enfance*, ministère des Solidarités et de la Santé, ministère de la

Justice, ministère de l'Éducation nationale, ministère de l'Enseignement supérieur, de la Recherche et de l'Innovation, Mission sur les morts violentes d'enfants au sein des familles, mai 2018.

5. Initiée par Adrien Taquet, la loi du 7 février 2022 a été à l'origine de la première campagne nationale de sensibilisation au syndrome du bébé secoué.

6. Camille Kouchner, *La Familia grande*, Seuil, 2021.

7. Vanessa Springora, *Le Consentement*, Grasset, 2020.

8. Audition de Judith Godrèche, artiste, interprète, scénariste et réalisatrice, au Sénat le 29 février 2024.

9. L'affaire Outreau désigne une affaire pénale concernant des faits de viols et d'abus sexuels sur mineurs qui se sont déroulés dans une cité HLM du Pas-de-Calais.

10. Stéphanie Leboyer, Jean-Pierre Mahier, Jean Mick et Salvatore Stella, *AEMO, AED : contrôle social des pauvres ?*, Érès, 2017.

11. Entretien avec Salvatore Stella, réalisé le 17 février 2023 avec Flore Capelier, Isabelle Frechon, Aurore Lambert, dans la *Revue française des affaires sociales*, DREES, Ministère de la Santé, 2023, p. 169-175.

12. Comme l'observe Serge Paugam dans son ouvrage *L'Intégration inégale : force, fragilité et rupture des liens sociaux* (Presses universitaires de France, 2014, p. 9) : « Le délitement du lien de filiation ne touche pas les individus de façon égale. Il s'agit pourtant d'une inégalité souvent ignorée. » En effet, la proportion de

personnes n'ayant plus ou pratiquement plus de relations avec leur père ou leur mère, alors que ces derniers sont encore en vie, est supérieure à 20 % parmi les ouvriers (27,9 % pour le père, 21,3 % pour la mère) et décroît régulièrement à mesure que l'on croît dans la hiérarchie sociale pour atteindre un niveau inférieur à 5 % parmi les cadres et professions intellectuelles supérieures (4,3 % pour le père et 3,6 % pour la mère).

13. À chaque reportage, majoritairement sur des services ou associations extrêmement dysfonctionnels qui existent, mais ne sont pas représentatifs de l'ensemble, de nombreux professionnels expliquent avoir honte de dire qu'ils travaillent à l'Aide sociale à l'enfance. Les enfants eux-mêmes évoquent ces reportages qui « les font passer pour des délinquants ».

14. L'Action éducative en milieu ouvert consiste en l'intervention à domicile d'un travailleur social pour une durée variable (de six mois à deux ans, renouvelable jusqu'aux dix-huit ans de l'enfant). Le travailleur social travaille avec enfants et parents sur certains sujets en profondeur. Au bout de six mois, il fait un rapport au juge et à l'Aide sociale à l'enfance (ASE) pour indiquer comment il perçoit l'évolution de la situation et formuler les préconisations (poursuite de la démarche ou changement de stratégie face à l'inefficacité de son intervention ou à une situation trop dangereuse pour les enfants, etc.).

15. L'Aide éducative à domicile (AED) compte parmi les mesures éducatives de protection de l'enfance. C'est une mesure d'assistance ordonnée lorsqu'un enfant

est en risque de danger. L'AED intervient pour aider les familles en difficulté. Elle peut les accompagner sur différents plans : éducatif, financier, matériel, social, etc. Cet accompagnement est proposé dans des mesures éducatives de la Protection de l'enfance. Elle se présente donc dans les cas d'enfance en danger et plus particulièrement auprès des mineurs en danger. Contrairement à l'AEMO, l'AED n'est pas une mesure judiciaire.

16. ONPE/GIP France Enfance protégée, *Chiffres clés en protection de l'enfance au 31 décembre 2021*, mars 2023.

17. Comme nous l'avons précisé plus haut, la moitié des morts violentes d'enfants au sein de leur famille concernent de jeunes enfants. Cette donnée conduit à une vigilance plus importante, et donc à un plus grand nombre de signalements, parfois à la maternité.

18. L'hospitalisme recouvre « l'ensemble des troubles physiques dus à une carence affective par privation de la mère, survenant chez les jeunes enfants placés en institution dans les dix-huit premiers mois de la vie ». René A. Spitz, *De la naissance à la parole : la première année de la vie*, Presses universitaires de France, 2002.

19. Des pédiatres du CHU de Nantes ont récemment alerté sur la situation de bébés en maternité en attente de familles d'accueil ou de places en pouponnière.

20. Syndicat de la magistrature, *La justice protège-t-elle les enfants en danger ? État des lieux d'un système qui craque*, 6 mai 2024.

21. *Ibid.*

22. « Impossibilité matérielle pour les départements de mettre à exécution les ordonnances de placement d'enfants en danger », *Journal officiel du Sénat*, Question écrite n° 03789, 16e législature, 2 février 2023, p. 765.

23. Béatrice Le Rhun, « Les assistants familiaux en 2021 : qui sont-elles ? », DREES, *Études et résultats*, n° 1291, décembre 2023.

24. *Ibid.*

25. DREES, *Enquête auprès des établissements et services de la protection de l'enfance (ES-PE)*, juillet 2020.

26. Résolution annuelle des Nations unies relatives aux droits de l'enfant (A/RES/74/133), 2019.

27. Si la part de placement d'enfants orphelins n'est pas majoritaire au moment du placement, de nombreux travaux (enquête Action Enfance 2020, ou enquête ELAP) montrent que le taux d'orphelins parmi les enfants placés est trois fois plus important que dans la population totale. Isabelle Frechon, Élisa Abassi, Pascale Breugnot, Claire Ganne, Cécile Girault, et Lucy Marquet, « Les jeunes orphelins placés : Quels sont leurs conditions de vie et leur devenir à la sortie de placement ? », *Forum*, vol. 159, n° 1, 2020, p. 5-21.

28. Marcel Jaeger, *Principes et pratiques d'action sociale. Sens et non-sens de l'intervention sociale*, Dunod, 2023.

29. Parmi les pays où la protection sociale et la prévention sont les plus importantes, on retrouve par exemple les Pays-Bas, le Japon et l'Italie.

30. June Thoburn, « Globalisation and Child Welfare : Some Lessons from a Cross-National Study of Children in Out-of-Home Care », *British Journal of Social Work*, vol. 38, 2007.

31. Aude Kerivel, Samuel James et Cyril Dheilly, « Fragilité des liens et isolement des enfants et jeunes en Villages d'Enfants : Des situations exacerbées pour les jeunes "en transition" », *Revue des Sciences sociales*, n° 9, coordonné par Régine Sirota et Sylvie Octobre, 2023.

32. Le psychanalyste René Spitz a développé la notion d'« hospitalisme » (cf. note 18) pour décrire les effets de la privation de lien affectif stable qui entraîne des troubles du développement et de sévères dépressions chez de jeunes enfants en institution. René A. Spitz, *op. cit.*

33. Françoise Dolto, *La Cause des enfants*, Robert Laffont, 1985.

34. Donald W. Winnicott, *Through Paediatrics to Psychoanalysis. Collected Papers*, Tavistock Publications, 1958.

35. John Bowlby, psychiatre et psychanalyste anglais, développe la notion d'attachement comme un besoin vital indispensable au développement affectif et social de l'enfant, conditionné par une relation affective privilégiée avec au moins un donneur de soins, appelé figure d'attachement principale. John Bowlby, *Attachement et perte, vol. 1. L'attachement*, Presses universitaires de France, 1978.

36. « Aide sociale à l'enfance : le Comité de vigilance des enfants placés se mobilise ce mardi pour

"rendre hommage aux enfants décédés" », France Info, publié le 7 mai 2024.

37. Laurent Sochard, « Travailler en protection de l'enfance avec des personnes en situation de pauvreté : un triple défi clinique, éthique et épistémologique », dans Stéphanie Leboyer (éd.), *op. cit.*

38. Emilie Potin, *Enfants placés, déplacés, replacés: parcours en protection de l'enfance*, Érès, 2012.

39. Isabelle Frechon et Lucy Marquet, *Ressources des jeunes à la fin de leur parcours de placement à l'Aide sociale à l'enfance*, INJEP, Rapport d'étude n° 6, 2023.

40. Aude Kerivel, « Être adulte en sortant de structures d'Aide sociale à l'enfance, le capital social au cœur de la définition de l'autonomie », *Vie sociale*, vol. 12, n° 4, 2015, p. 107-127.

41. María Eugenia Longo, Martin Goyette, Marie Dumollard, Melissa Ziani et Josiane Picard, *Portrait des jeunes ayant été placés sous les services de la protection de la jeunesse et leurs défis en emploi*, Institut national de la recherche scientifique, 2024.

42. Aude Kerivel, Chloé Michaud, Lucile Ottolini et Anne Jacquelin, *Capital social et liens sociaux d'attachement des enfants et jeunes confiés, une recherche-action dans le département de l'Ain*, Rapport du Laboratoire d'évaluation des politiques publiques et des innovations, 2024.

43. Aude Kerivel, « Être adulte en sortant de structures d'Aide sociale à l'enfance, le capital social au cœur de la définition de l'autonomie », *op. cit.*

44. Nous nous référons aux travaux de Serge Paugam, qui reprend notamment les travaux de Bowlby. Serge Paugam, *L'Attachement social. Formes et fondements de la solidarité humaine*, Seuil, 2023.

45. Axel Honneth, *La Lutte pour la reconnaissance*, Éditions du Cerf, 1992/2000 et 2008.

46. Blaise Pierrehumbert, *Le Premier Lien. Théorie de l'attachement*, Odile Jacob, 2003.

47. Serge Paugam (dir.), *L'Intégration inégale. Force, fragilité et rupture des liens sociaux*, Presses universitaires de France, 2014, p. 7.

48. Aude Kerivel, Patrick Dubéchot, Samuel James, Volha Vysotskaya et Cyril Dheilly, *Et si le capital social durant l'enfance était la clé de l'autonomie des jeunes adultes sortant de l'Aide sociale à l'enfance*, Action Enfance, 2020.

49. Serge Paugam, « Chapitre XV. "Compter sur" et "compter pour". Les deux faces complémentaires du lien social », Robert Castel (éd.), *Changements et pensées du changement*, La Découverte, 2012, p. 215-230.

50. Chloé Michaud, Aude Kerivel, Lucile Ottolini et Anne Jacquelin, *Protection de l'enfance, handicap et troubles du comportement : comment rendre visibles les situations des enfants et des jeunes ?*, LEPPI, 2023.

51. Une prévalence du handicap en protection de l'enfance en comparaison, puisque l'on estime à moins de 5 % les enfants de cinq à quatorze ans ayant ce type de trouble.

52. Un constat proche est réalisé à l'école par Serge Ebersold dans « Société inclusive, droits pédagogiques

et fonctions de l'accessibilité », *Revue française de pédagogie*, vol. 220, nº 3, 2023.

53. Aude Kerivel, Anne Jacquelin, Chloé Michaud et Lucile Ottolini, *Développer les liens d'attachement et le capital social des enfants et des jeunes confiés à l'Aide sociale à l'enfance. Une recherche-action pour répondre aux besoins des enfants et jeunes du département de l'Ain*, LEPPI, 2023.

54. Mathilde Retourné, « Étude descriptive des caractéristiques des mineurs suivis par l'Aide sociale à l'enfance ayant une notification à la Maison départementale pour les personnes handicapées dans le département de l'Ain », Thèse de doctorat, Université de Lyon, soutenue en 2023 (non publiée).

55. Les symptômes apparaissent généralement dès l'âge de cinq à six mois et peuvent évoluer vers des douleurs chroniques. L'espérance de vie moyenne des patients dans les pays développés varie entre quarante et soixante ans. Il y a trois grandes catégories de manifestations cliniques qui peuvent être très variables selon les cas : anémie hémolytique chronique avec épisodes d'aggravation aiguë, prédisposition aux infections bactériennes et manifestations vaso-occlusives. Les complications aiguës peuvent notamment revêtir la forme de crises d'anémie aiguës, de séquestration splénique, d'infections, d'accidents vasculaires cérébraux (AVC), de syndromes thoraciques aigus ou encore de crises vaso-occlusives.

56. « La drépanocytose », site Internet de l'Association pour l'information et la prévention de la drépanocytose.

57. Des recherches françaises et américaines observent que la douleur des patients racisés et notamment des femmes racisées est moins prise au sérieux que celle les patients non racisés. Fabien Coisy et al., « Do emergency medicine health care workers rate triage level of chest pain differently based upon appearance in simulated patients ? » *European Journal of Emergency Medicine*, vol. 31(3), juin 2024, p 188-194.

58. Céline Greco a elle-même raconté les violences de son père dans un ouvrage, sous un pseudonyme : Céline Raphaël, *La Démesure*, Max Milo, 2013.

59. « Adverse Childhood Experiences (ACEs) », site Internet The Burke Foundation.

60. Adverse Childhood Experiences, « Opportunities to prevent, protect against, and heal from the effects of ACEs in New Jersey », juillet 2019. Les données de ce rapport sont reprises par la professeure Céline Greco, cheffe de service de médecine de la douleur et de médecine palliative à l'hôpital Necker et fondatrice de l'association Im'pact qui vise à créer des équipes mobiles hospitalière référents en protection de l'enfance pour améliorer le repérage des enfants en danger.

61. Isabelle Lacroix, Sarra Chaïeb, Pascale Dietrich-Ragon, Isabelle Frechon, *La Violence sous protection. Expériences et parcours des jeunes récemment sortis de placement*, Ined, Document de travail n° 263, juin 2021.

62. C'est l'un des résultats de l'enquête réalisée auprès de jeunes quittant tout juste la protection de l'enfance. *Ibid.*

63. C'est l'un des résultats de l'enquête réalisée auprès de jeunes quittant tout juste la protection de l'enfance. *Ibid.*

64. Le fait d'être placé est une souffrance pour beaucoup d'enfants et jeunes, même si, dans les enquêtes rétrospectives, beaucoup reconnaissent a posteriori que le placement les a sauvés ou a été bénéfique. *Ibid.*

65. INJEP, *Les Chiffres clés de la jeunesse*, 2023.

66. Sandra Gaviria, *Revenir vivre en famille. Devenir adulte autrement*, Le Bord de l'eau, 2020.

67. Loi nº 74-631 du 5 juillet 1974 fixant à dix-huit ans l'âge de la majorité.

68. *Enquête auprès des personnes fréquentant les services d'hébergement ou les distributions de repas chauds*, Insee, *Sans-Domicile*, janvier 2001, reprise notamment par Jean-Marie Firdion, « Influence des événements de jeunesse et héritage social au sein de la population des utilisateurs des services d'aide aux sans-domicile », *Économie et statistique*, nº 391-392, 2006, p. 85.

69. Isabelle Frechon, Pascale Breugnot et Lucy Marquet, « Les conditions de sortie du dispositif de protection de l'enfance au regard du contrat jeune majeur », *Travailler en MECS, Maisons d'enfants à caractère social*, 2e édition, 2020.

70. L'Accueil provisoire jeune majeur vise à proposer un accueil et un accompagnement aux jeunes pris en charge par l'ASE à leur majorité sous certaines conditions. Son équivalent est proposé pour les jeunes sortant de la projection judiciaire de la jeunesse.

71. Ces données concernent le taux de jeunes bénéficiant d'un Contrat jeune majeur de manière générale. Le taux de jeunes sortant de l'ASE, avec ou sans Contrat jeune majeur, n'est pas disponible. ONPE, France Enfance Protégée, *Données sur les prises en charge en protection de l'enfance au 31 décembre 2022*, Note chiffres et analyse, février 2024.

72. *Ibid.*

73. Les ADEPAPE, Associations départementales d'entraide des personnes accueillies en protection de l'enfance, ont été créées dans les années 1940. Ces associations (il en existe aujourd'hui plus d'une soixantaine) ont été un des premiers mouvements de représentation des usagers en France. Repairs! est un réseau d'entraide (il n'en existe que six en France) qui émerge en 2020 pour faciliter l'autonomie des jeunes sortant des services de l'Aide sociale à l'enfance.

74. Ces éléments ont été recueillis lors d'un entretien avec le président de l'ADEPAPE 13, Hamza Bensatem, en avril 2024.

75. Un Mineur non accompagné (MNA), anciennement mineur isolé étranger (MIE), est un enfant de moins de dix-huit ans, de nationalité étrangère, arrivé sur le territoire français sans être accompagné par l'un ou l'autre des titulaires de l'autorité parentale ou par un représentant légal.

76. Convention relative aux droits de l'enfant, *Observations finales relatives aux 6^e^ et 7^e^ rapports périodiques de la France*, Comité des droits de l'enfant, 4 décembre 2023.

77. Fin 2018, les enfants et jeunes administrativement appelés « Mineurs non accompagnés » représentaient 19 % des enfants pris en charge par les services de protection de l'enfance.

78. Sarra Chaïeb, « Le passage à la majorité : un point de bascule vers la pauvreté des "mineurs non accompagnés" », *Revue française des affaires sociales*, n° 3, 2023, p. 181.

79. Aujourd'hui, les MNA représentent environ 20 % des enfants confiés à la protection de l'enfance, il y a un peu moins de dix ans, ils en représentaient 9 %.

80. Sarra Chaïeb, *op. cit.*, p. 179-198.

81. L'arrêté du 28 juin 2016 précise les modalités de calcul de la clé de répartition des orientations des mineurs privés temporairement ou définitivement de la protection de leur famille. Elles ont été modifiées en décembre 2023.

82. En 2023, cinq départements ont suspendu ou limité l'accueil des Mineurs non accompagnés, s'opposant à la mesure prise par l'État de répartition des MNA sur l'ensemble du territoire.

## RIEN NE POURRA SE FAIRE SANS LES TRAVAILLEUSES SOCIALES !

1. Une référence est faite ici à l'ouvrage du philosophe Matthew B. Crawford, *Éloge du carburateur. Essai sur le sens et la valeur du travail*, La Découverte, 2016.

2. Michel Foudriat, *Sociologie des organisations*, Pearson, 2005.

3. Bernard Lahire, *Enfances de classe. De l'inégalité parmi les enfants*, Seuil, 2019.

4. Haut Conseil du travail social, *Livre Blanc du travail social*, 2023, p. 27.

5. Charlène Charles, « Le travail social en intérim. Le cas des éducateur.rices intérimaires dans les foyers de l'enfance », *Sociologie*, vol. 10(4), 2019, p. 435.

6. Béatrice Le Rhun, « Les assistants familiaux en 2021 : qui sont-elles ? », *op. cit.*

7. Dans la majorité des cas, les placements sont des mesures judiciaires (87 %) décidées par le juge pour une durée maximale de deux ans. Tous les deux ans au moins il y aura un nouveau jugement au tribunal et des décisions seront prises concernant le placement en présence de l'enfant et la plupart du temps de ses parents.

8. À la demande du juge, les visites parentales peuvent être « médiatisées », c'est-à-dire réalisées dans un lieu neutre, ou au domicile en présence d'un tiers – une éducatrice ou une technicienne de l'intervention sociale et familiale.

9. Sur leur fiche de poste, les maîtresses de maison sont les personnes responsables des tâches quotidiennes pour la bonne tenue d'un établissement social ou médico-social. Dans les faits, elles sont au quotidien auprès des enfants et parfois les personnes les plus stables des équipes, mais aussi les moins formées.

10. *La Parole aux invisibles*, Rapport du CNAPE, 2024.

11. Robert Lafore, « Le travail social à l'épreuve des recompositions institutionnelles de l'action sociale », *Revue française des affaires sociales*, n° 2, 2020.

12. *Ibid.*, p. 46.

13. *Ibid.*, p. 29.

14. Intervention de Philippe Lyet et Yvette Molina, lors d'un Colloque organisé par le PREFAS Midi-Pyrénées, *Professionnalisation des travailleurs sociaux. Tensions et recompositions au sein des pratiques et des organisations*, Actes du séminaire du 2 décembre 2016 à Toulouse, p. 9.

15. Robert Lafore, *op. cit.*, p. 29.

16. « Pour la première fois, j'ai eu l'impression qu'on était collègues ! » s'exclame une assistante familiale lors d'un groupe de travail réunissant, à l'occasion d'une recherche-action, assistantes familiales, moniteurs-éducateurs, éducateurs du quotidien, éducateurs référents, ainsi que leur hiérarchie. Le grand intérêt des démarches de recherche-action qui impliquent des groupes de travail composés de l'ensemble des acteurs situés à différents niveaux hiérarchiques est l'expérience d'une horizontalité, l'espace d'un projet. Plusieurs temps de rencontre sont nécessaires pour que la méfiance s'estompe, pour que la verticalité des organisations se fende et qu'émerge une collaboration égalitaire. Car, par-delà les inégalités et les tensions, tous ces professionnels partagent un seul

et même objectif: l'amélioration des réponses aux besoins de l'enfant.

17. L'HACCP est une méthode créée pour détecter l'ensemble des dangers susceptibles d'apparaître pendant le stockage, la préparation ou encore la présentation des aliments.

18. Dans les institutions qui tentent d'éviter toute prise de risque alimentaire, les repas ne sont jamais confectionnés sur place. Des enfants peuvent ne jamais avoir vu la confection d'un repas et n'y avoir jamais participé.

19. À l'inverse, dans certaines associations, les professionnels ont une carte bancaire dans chaque service ou une caisse, dans d'autres il y a constamment 100 euros sur le compte de chaque professionnel, renouvelés lorsque l'argent est dépensé. Mais ces situations sont de plus en plus minoritaires et les professionnels sont de plus en plus nombreux à devoir avancer les frais ou réaliser des devis pour la moindre activité.

20. Cette information a été recensée dans plusieurs enquêtes réalisées dans six départements par le Laboratoire d'évaluation des politiques publiques et des innovations (LEPPI).

21. Le T2A est la tarification à l'activité ou à l'acte qui conditionne le financement des établissements de santé, publics et privés. Cette tarification repose sur une logique de mesure de la nature et du volume des activités et non plus sur une autorisation de dépense. La T2A pousse à l'efficience par la

réduction des coûts, hors de toute évaluation du rapport qualité/coût.

APPLICATION DES LOIS ET SOUTIEN DES ASSOCIATIONS DE TERRAIN : LES ENJEUX MAJEURS DE LA PROTECTION DE L'ENFANCE

1. Tous les ans, l'État, les départements et les ARS contractualisent la mise en œuvre de la Stratégie nationale de prévention et de protection de l'enfance sur laquelle les départements doivent se fixer et réaliser au moins 12 objectifs. Aude Kerivel, Anne Jacquelin, Chloé Michaud et Lucile Ottolini, *op. cit.*, p. 10 et Marion Cerisuela, Louise Genest et Aurélie Picot, *Écouter pour agir. La participation collective des enfants protégés*, ONPE, Collection « Sens et repères méthodologiques », 2023, p. 18.

2. *Ibid.*, p. 33.

3. Aude Kerivel, Patrick Dubéchot, Samuel James, Volha Vysotskaya et Cyril Dheilly, *op. cit.*

4. Marion Cerisuela, Louise Genest et Aurélie Picot, *op. cit.*, p. 21.

5. ONPE, *Repères en protection de l'enfance. L'accueil des enfants par des tiers : des formes et des besoins pluriels*, ONPE Synthèses, n° 14, septembre-octobre 2023.

6. Philip S. Goldman et al., *Institutionalisation and desinstitutionalisation of children 2 : policy and practice*

*recommendations for global, national, and local actors*, Commission du groupe Lancet, *Lancet Child & Adolescent Health*, *n°* 4(8), juin 2020, p. 606-633. Une version simplifiée de la résolution.

7. La loi n° 2016-297 du 14 mars 2016 – art. 13 précise que « lorsqu'un enfant est pris en charge par le service de l'Aide sociale à l'enfance sur un autre fondement que l'assistance éducative, le président du conseil départemental peut décider, si tel est l'intérêt de l'enfant et après évaluation de la situation, de le confier à un tiers, dans le cadre d'un accueil durable et bénévole ». La loi n° 2022-140 du 7 février 2022 prévoit « la recherche systématique de la possibilité d'accueil de l'enfant par une personne proche (famille ou tiers digne de confiance) avant toute décision de placement à l'Aide sociale à l'enfance » et le décret du 28 août 2023 précise les modalités de cet accueil.

8. Les « pupilles d'État » sont des enfants qui ont perdu tout lien avec leurs parents et qui bénéficient d'un régime spécifique de tutelle exercé par le préfet tuteur et un conseil de famille des pupilles de l'État.

9. Nadia Amrous, Élisa Abassi, Cheikh-Tidiane Diallo et Klara Vinceneux, « L'Aide sociale à l'enfance –, édition 2023 », *op. cit.*

10. Béatrice Le Rhun, « Les assistants familiaux en 2021 : qui sont-elles ? », *op. cit.*

11. Patrick Dubéchot, Anne-Marie Doucet-Dahlgren et Aude Kerivel, *Que sont-ils devenus ? Protection de l'enfance : une enquête à l'encontre des clichés*

*sur le devenir des enfants placés*, CREAS-ETSUP et LERFAS, Action Enfance, 2014.

12. Aude Kerivel, « L'affirmation d'islam chez les jeunes de quartiers populaires : rationalités subjectives et dynamiques intersubjectives » dans Françoise Lorcerie (dir.), *Éducation et diversité. Les fondamentaux de l'action*, Presses universitaires de Rennes, 2021.

13. Daniel Verba, « Radicalisation et travail social. L'embarras des chercheurs et des professionnelles », *Pensée plurielle*, nº 51, septembre 2020, p. 18 et Farhad Khosrokhavar, *Radicalisation*, MSH, 2014.

14. Robert Lafore, *L'Action sociale en France. De l'assistance à l'inclusion*, Presses de Sciences po, 2024.

15. Simon Cottin-Marx, Camille Hamidi et Arnaud Trenta, « Financement et fonctionnement du monde associatif : la marchandisation et ses conséquences », Dossier thématique de la *Revue française des affaires sociales*, octobre-décembre 2023.

16. « Les associations dans le champ de la protection de l'enfance », *La Gazette des communes*, 6 juin 2011.

17. *Ibid.*

18. Simon Cottin-Marx, Camille Hamidi et Arnaud Trenta, *op. cit.*, p. 10.

19. Procédure de mise en concurrence d'opérateurs privés par des personnes publiques sur la base d'un document leur fixant des objectifs à atteindre.

20. Jean-Marie Firdion, *op. cit.*, p. 85.

21. Chloé Michaud, Aude Kerivel, Lucile Ottolini et Anne Jacquelin, *Protection de l'enfance, handicap et*

*troubles du comportement : Comment rendre visibles les situations des enfants et des jeunes ?*, *op. cit.*

22. *Ibid.*

23. Maxime Vaudano, « Les missions de la protection de l'enfance entravées par des logiciels défaillants », *Le Monde*, 28 février 2024.

24. ONPE, *État des lieux de la mise en place des observatoires départementaux de la protection de l'enfance en France en 2022*, Note Enquête ONPE, avril 2023.

25. Haut Conseil du travail social, *Livre blanc du travail social*, 2023, p. 13.

26. Commission nationale consultative des droits de l'homme, *Avis sur les morts violentes d'enfants dans le cadre familial*, 12 décembre 2023.

## TRAITER LES CAUSES PLUTÔT QUE LES CONSÉQUENCES

1. François Chobeaux, Jean-Luc Marchal et Henri Santiago-Sanz, *Le Travail de rue*, Érès, 2024.

2. Patrick Dubéchot, Anne-Marie Doucet-Dahlgren et Aude Kerivel, *Que sont-ils devenus ? Protection de l'enfance : une enquête à l'encontre des clichés sur le devenir des enfants placés*, *op. cit.*

3. Hélène Join-Lambert, Benjamin Denecheau et Pierrine Robin, « La scolarité des enfants placés : quels leviers pour la suppléance familiale ? » *Éducation et Sociétés*, vol. 44, no 2, 2019, p. 165-179.

4. Patrick Dubéchot, Anne-Marie Doucet-Dahlgren et Aude Kerivel, *Que sont-ils devenus ? Protection de l'enfance : une enquête à l'encontre des clichés sur le devenir des enfants placés*, *op. cit.*

5. La loi du 18 mars 2024, qui fait suite aux lois des 28 décembre 2019 et du 30 juillet 2020, rend plus systématique le retrait total de l'autorité parentale par la juridiction en cas de condamnation pour agression sexuelle ou viol incestueux ou autre crime sur son enfant, et en cas de crime commis sur l'autre parent.

6. Les différentes études concordent sur la prédominance des hommes auteurs de violence, ce qui ne signifie pas qu'il n'y a aucune femme auteur de violence, mais qu'elles sont minoritaires.

7. Défenseur des droits, Compte rendu de la mission confiée par le Défenseur des droits et son adjointe, la défenseure des enfants, à M. Alain Grevot, délégué thématique, sur l'histoire de Marina, 30 juin 2014.

8. Commission nationale consultative des droits de l'homme, « Avis sur le droit au respect de la vie privée et familiale et les placements d'enfants en France », *Journal officiel de la République française*, 31 juillet 2013, texte 103, cité dans Stéphanie Leboyer (éd.), *op. cit.*

9. CNAF, *Les Familles monoparentales. Conditions de vie, vécu et action publique*, La Documentation française, 2023 ; Colombe Brossel et Béatrice Gosselin, *Familles monoparentales, pour un changement des représentations sociétales*, délégation aux droits des femmes du Sénat, Rapport d'information, n° 485, t. II,

28 mars 2024 ; INSEE ; Eurostat ; Observatoire des inégalités ; DREES ; DEPP ; Fondation des femmes.

10. UNICEF, Dossiers « Enfants pauvres en France » et « Enfants en bidonvilles », site Internet de l'UNICEF.

## QUATORZE PROPOSITIONS

1. CNAPE, « Nos mesures d'urgence pour la protection de l'enfance », site Internet de la CNAPE, 8 juillet 2024.

# Table

Cet ouvrage a été mis en page par IGS-CP
à L'Isle-d'Espagnac (16)

Achevé d'imprimer en septembre 2024
par Normandie Roto Impression s.a.s.
61250 Lonrai
N° d'impression : 2403600
N° d'édition : 642317-0
Dépôt légal : octobre 2024

*Imprimé en France*